Naturister har också sex........

Johan och Anna Hansson

En naken midsommar

En midsommarhelgs
"mar"Dröm

Tryck och förlag: BoD
ISBN 978-91-7463-728-1

En midsommars dröm är en roman som skriven utifrån verkliga händelser och person. Alla har fått andra namn, men har frikostigt låtit oss skriva om dem. Ett stort tack till er!

Att även naturister har sex och samliv är inga konstigheter. Seriösa nakenbad och campingar jobbar aktivt med att få bort stämplen att allt handlar om sex och att alla, även barnfamiljer skal kunna känna sig bekväma. Det har de flesta naturistcampingar lyckats bra med och de aktiviteter som är sker mycket diskret, ofta på kvällstid eller som i alla andra sammanhang, i respektive boenden. Vi vill med denna roman beskriva hur tillvaron till några frigjorda par och singlar kan se ut, och att det kan bli ett och annat svartsjukedrama om inte relationen är stark och stabil.

1

Johan och Anna, ett par i slutet av 40 års åldern från Kumla var till vardags upptagen med sina jobb och det egna fritidsintresset. Deras relation är stark och stabil, och båda är beredda jobba aktivt med sitt förhållande för att det skal vara så också i framtiden. Johan jobbar som plats chef på ett byggföretag och Anna som Uska på universitets sjukhuset i Örebro. Som sin "grej" för att skapa spänning i sitt förhållande, är de hobby swingers och naturister. Det är miljöer som det finns mycket öppna, trevliga och jordnära människor i och som man kan vara helt sig själva utan skapade fasader. Både Johan och Anna har numera ett mera avslappnad förhållande till den egna kroppen, samt säkrare på relationen och sexualiteteten.

Första gången de fick upp ögonen för naturismen var sommaren -94 på en camping i Gävle. I den period planerades alltid turerna utifrån var det var bra att bada, samt att det var närhet till övriga aktiviteter. Valet en tidig sommarhelg föll på Rullsand med dess långa fina stränder samt närheten till Furuviks-parken. Husvagnen krokades på, kartan togs fram och resan påbörjades mot Gävle. Vid ankomst studerades översiktskartan över campingen och Johan såg att det i ena änden var ett avgränsat område för naturister. Han frågade Anna om de skulle ställa vagnen där, men Anna tyckte inte det var någon bra ide så valet föll på en liten gräsyta strax nedanför receptionen med närhet till servicehuset. Nästa dag bjöd på sol och värma, så det packades för stranden. Väl där var det så mycket folk att familjerna nästan låg på varandra. Anna såg då att på naturistdelen en bit bort var det betydligt lugnare så det blev en liten promenad längs vattnet bort till den delen. Det var lite besvärligt och ovant till en början att ta av sig alla kläder, men redan efter någon timme kändes det både bekvämt och naturligt att röra sig runt bland övriga familjer och singlar på stranden. Anna gick för att kolla efter toaletter, och när hon varit där träffade hon ett par i 30 års åldern. När hon sedan återvände till Johan, berättade hon att de var bjudna på grillning och lite gott att dricka på kvällen i deras vagn som stod på naturistdelen. Det blev en kväll med mycket skratt och de delade frikostig på information om hur stranden var uppdelad med barnfamiljer och "riktiga" naturister på den delen man under dagen legat på, men att det var mera fluktare och kontakt sökare längre ut på udden. Det skulle bli många flera besök på denna camping och övriga naturiststränder/campingar både i Sverige och utomlands i åren som kom.

Johan och Anna är numera "heltidsnaturister" varje sommar och stortrivs med atmosfären samt övriga naturister. Trivseln ligger i att deras relation starks många hack när sommaren närmar sig. Både blir mera medvetna om och har tid för sin egen kropp, och båda blir mera mottagliga för sexuella inviter från varandra. De blir också mycket mera aktiva och kåta kopplat till både mera tid för varandra, värmen, samt det visuella som nakenheten erbjuder. Båda är numera helrakade sommarhalvåret av hygeniska skäl, men också det att båda tycker den andra ser bra ut utan hår. Det faktum att det finns många spännande personligheter på campingar över lag och i synnerhet på naturistställen skapar upphov till många och roliga samtal kring hur andras livssituation ser ut. De kan sitta en hel dag och följa ett par eller kille och måla upp hur de tänker, hur deras liv ser ut, vad de tänker göra nu och senar, och ibland får de sina diskussioner bekräftade när de agerade precis som de förutspått.

I år hade de bestämt sig för att starta sin semester med att fira midsommar på den lagom stor naturistcampingen i närheten av Nynäshamn längs ostkusten. De kom till campingen tidigt dagen före mittsommar och satt nu å tittade på alla gester som ankom.

Ett annat par som packat sin husbil dagen innan midsommarafton var Jens och Gry, ett par på runt 50 år. Deras barn var numera utflugna från villan på landet utanför Nyköping. Deras relation som varit trasslig i många år, var nu om möjligt i ännu mera gungning. Jens som tyckte mera om Gry som en bra kompis och inte känt någon attraktion hade under många år ägnad mycket tid till att söka sex utanför äktenskapet. Gry på sin kant hade sin prövat en fast älskare på sitt jobb i form av en nästan 15 år yngre kille på deras lager, men ville mest av allt få sexet med Jens att åter blomstra. Hon var beredd att jobba aktivt med detta och var öppen att prova det mesta

De var båda medvetna om den andras snedsprång vilket lätt till att de inte längre litade på varandra och var ständigt på sin vakt efter signaler på om det var något på gång. Förra våren hade de bestämt sig för att köpa en husbil och åka ner till en av Frankrikes många naturistcenter för att få en nystart. Det visade sig att det nästan blev tvärt om då Jens nästan dagligen försvann på egenhand och när han sedan fick frågan från Gry var han varit var svaret bara kort: Kikat lite runt!

De var nu på väg mot den samma naturistcampingen som i fjol och Gry hoppades att det skulle bli bättre i år. Hon hade i veckan varit hos frissan, köpt en ny lätt sommarklänning, samt sexiga underkläder som hon nu hade på sig och kände sig både upprymt och förväntansfull. Förra året hade hon knappt sett till Jens, och hade för det mesta sprungit runt och letat efter honom i olika husvagnar och husbilar där han förmodligen knullat med både den ena och andra. Gry var väl medveten om att det bland besökarna på dessa campingar fanns många swingers och att många letade efter nya partners att ha sex med. I år, tänkte hon, skal det bli annorlunda mellan Jens och mig, mycket beroende på att de dragit ner på sitt drickande. Och om det blev så att Jens sökte kontakt med andra skulle hon se till att vara med. Det var ju så att när Jens var full försvann hans förstånd ner i kuken och han brydde sig inte om henne, men om hon deltog i lekarna kanske det till och med skulle bli ett lyft för dem. Nu när de närmade sig campingen satt Gry och tittade ut på alla blommor läng vägkanten och såg fram emot att vara med å klä midsommarstången dagen efter och kände hur det pirrade i magen och ner i underlivet. En riktig skön och härlig känsla, hon såg värkligen fram emot denna midsommarhelg. Direkt de hittat sin plats på campingen tog Jens fram en öl med kommentaren: En "stödbensöl" måste man ju ha och Gry tänkte: Fan! Då kanske det inte blir något bättre än förra året. De installerade sig på sin plats, satte ut bord och stolar, kopplade in strömmen och sen var Jens borta och Gry fick börja sitt letande. När hon nu gick runt på campingen träffade hon många hon kände igen från förra året och låtsades att hon bara gick runt för att kolla om allt var sig likt, men Jens var borta.

När den lilla husbilen rullade in på campingen för att installera sig dagen innan midsommaraftonen såg Johan vilka det var, Jens och Gry, och blev lite full i skratt.

Han konstaterade med en road min och en kommentar till Anna: det skal bli kul att följa deras förehavande även denna sommar med tanke på vilka konflikter de hade haft förra året. Anna skrattade instämmande och mindes hur förra sommaren varit, där de på var sin kant hade roat sig på olika sätt och den andra parten ständigt spanade efter den andra. Vad var det för överenskommelse de hade? Var de överens över huve taget? Eller var det helt enkelt att det inte fans någon glöd och attraktion kvar i deras relation. Man vet ju hur många par det är som den ena parten på egenhand är otrogen och söker äventyren utanför sin relation.

Under torsdag fortsatte campinggäster rulla in på campingen för att installera sig på sina platser inför firandet. De många långliggarna kunde se att flertalet var gäster som ofta var på weekendbesök där. Denna midsommar var alla platser för bokade och det var planerat för många gemensamma aktiviteter under denna långhelg. En som installerat sig i en av områdets stugor var Göran. Han var en ensamstående kille på 32 år som bodde i Uppsala som sökte sexuella äventyr med båda par och singlar. Han såg sig själv inte som b s, men hade inte "kuk fobi", så att slicka någon kvinna när hon blev knullad var enbart upphetsande. Han besökte regelbundet naturist bad och

11

campingar under sommarhalvåret, men även parklubbar både i Sverige och utomlands när tillfället gavs. Att han var gott över medels utrustad mellan benen och det gjorde att han fick lite extra uppmärksamhet. När han var och campade brukade han hyra en liten stuga och ligga på den gemensamma stranden under dagarna. Solen och hans ständigt livliga fantasi gjorde att han nästan jämt gick med halvstånd. Det var inget som störda honom, snarare tvärt om. Att se hur andras blickar drog sig mot kuken de gångerna han gick på toa eller till stugan var hans sätt att få en kick och trodde det kunde bidra till att bli inbjuden till lite samkväm mot kvällen. När han nu denna eftermiddag gick sina varv på campingen hade han spanat lite extra på 3 olika par där kvinnorna på olika sätt var mycket attraktiva.

Det första paret bodde i en mindre husvagn precis vid service huset och var i slutet av 40 eller början av 50 års åldern. Kvinnan var inte så lång, med fin kropp och stora tunga bröst, och efter det han kunde se, helt rakad. Han tyckte sig känna igen dem, men kunde inte komma på ifrån var. Det måste jag kolla upp under helgen tänkte han när han passerade.

Det andra paret var också i samma ålder, men kvinnan i det paret var nästan lite för smal, rätt små hängiga bröst och halvrakad. Dem hade han sett på andra ställen tidigare, och efter vad han mindes blev hon ofta lämnad ensam både vid vagnen, stranden och i andra sammanhang på kvällstid. Hon sågs ofta letandes efter sin "gubbe" Var det Gry hon het?

Det tredje paret var i början av 40 och han kände väl igen dem från tidigare besök på campingen då de låg på säsongsplats. Kvinnan höll sig mycket vid vagnen och verkade nästan lite blyg, med svart hår, små runda bröst och en fin bak. Ofta bjöd hon med sig extrakillar till vagnen när hon var lite på lyset och hennes kar gillade tydligen när det var både tre och fyra extrakillar med i deras lekar. Göran visste att en av karlarna i grannvagnen nästan jämt hängde med dem och sket mer eller mindre i sin egen fru. Var hon öppen och mottaglig för lite flört i sin ensamhet? Hans dröm var att hitta en tjej som delade hans syn på livet och dess njutningar. Han satte sig på den lilla altanen vid stugan, öppnade en öl och tittade mot den lilla vagnen där par 1 satt och tog var sitt glas vin. Plötsligt slog det honom: Undrar om inte par 1 är de jag träffade och var med på en klubb i Oslo för några år sedan. Kvinnan var väldig lik, fortfarande med en mycket fin kropp och härliga bröst. När han tänkte bakåt kom minnet tillbaks. Han hade varit på klubben någon timme när de kom upp till där han satt och kollade på film tillsammans med några andra killar och par. De hade satt sig på andra sidan rummet mitt emot honom och att hon retsamt visat upp en rakad, helt öppen, mycket fin fitta för att sedan bjuda in honom i sin lek. Han kom ihåg hur han hade slickat hennes klitoris medans de knullade, hur gott hon smakat, för att sedan bli både avsugen och knullad av henne. Han mindes tydligt hur trång och blöt hon varit och hur hon bokstavligen hade mjölkat hans kuk med sina sammandragningar när hon fick orgasm. Det måste vara dem tänkte han där han nu satt med ett präktigt stånd där vid stugan. Det måste vara dem. Var det Anna hon hette? Det måste jag kolla upp under helgen tänkte han samtidigt som han gick in för att runka skönt till detta minnet.

13

Första gången Johan och Anna kom i kontakt med swingers miljöer var i samband med en "vuxenweekend" i Oslo för ca 10 år sedan när de var runt 40 år.

Klockan var 13.30 en fredag då Johan och Anna satt på centralstationen i Örebro och tog en öl i väntan på tåget som skulle ta dem till Oslo. Båda såg fram emot en weekend med god mat och dryck och tid för sig själva. Väl på tåget letade de rätt på restaurangvagnen, slog sig ner och beställde in var sitt glas vin. Båda satt och bläddrade i var sin tidning när Johan läste en artikel om en Björn i Oslo som drev en medlemsklubb i Oslo centrum. Artikeln handlade om alkoholtillståndet till klubben och skillnaden på en "stängd" medlemsklubb och en allmän krog. Det som fångade Johans intresse var övrig text i artikeln som beskrev klubbens lokaler som var över fyra våningar samt vad det var för aktiviteter som försiggick bakom dörrarna. Man kunde teckna ett provmedlemskap i dörren, men man var tvungen att föranmäla sin ankomst. Fredagar var öppettiderna från kl. 21.00-03.00 och öppet för både par och singlar, lördag var det öppet från 22.00-04.00 men enbart för par. Det vore något för oss att testa någon gång förslog Johan för Anna på skoj, men Anna som alltid har varit bra på att bejaka sin egen njutning blev nyfiken och positiv till att testa. De läste beskrivningen av klubbens lokaler tillsammans och började diskutera vilka regler de skulle följe vid ett eventuellt besök på klubben. Efter någon timmas prat och spekulationer kring hur en kväll skulle kunna vara säger Anna: om vi skal göra ett besök vill jag gå i kväll när det är blandat par och singlar. Där och då bestämdes det att göra en föranmälan inför kvällen.

På sitt hotellrum förberedda sig Johan och Anna inför kvällen med en dusch, samt att Anna friserade sin fitta så den såg sådär härlig och inbjudande ut. Johan kunde inte låta bli när Anna bjöd på ett litet smakprov. Den fick godkänt, slät och fin.

Johan valde ett par boxers, jeans samt skjorta och kavaj. Anna valde ett par string i spets som framhävde hennes mycket fina rumpa som till och med hon själv var stolt över, matchande behå som lyfte hennes fylliga bröst, en lår kort kjol, stövlar och blus.

Kvällen skulle börja med en godare middag samt några glas för att spänningen och nerverna inför vad klubb besöket skulle erbjuda. Samtalet under middagen handlade om vad som väntade, man kom överens om spelreglerna för kvällen, samt att om det inte kändes bra för någon av dem skulle de bryta upp och gå. De enades om att under inga omständigheter lämna den ena ensam, samt inte bli för onyktra.

22.45 ringde de på vid en stor brun dörr på den adress de fått i samband med sin anmälan. En kar i 50 års åldern öppnade, båda kände igen han från bilden i tidningen som Björn. Han hälsade glatt och önskade dom välkomna samt tog betalt för medlemskap och entré. Man kom direkt in i lokalens bar och mingelrum. Där slog Johan och Anna sig ner i en soffa och Björn informerade om Klubbens olika våningsplan och erbjöd en rundvisning. Entré våningen med baren, källarvåningen med omklädningsrum, duschar, bubbelbad och en bastu. Våning 1 var som en liten biosalong med rader av stolar och en storbilds tv som visade porrfilm. Våning 2 erbjöd ett mindre mingelrum med tv och med tre soffor, några fåtöljer, samt 2 "lekrum".

På våning 3 fick endast par tillträde till och innehöll ett större rum med soffor längs väggarna och ett mindre rum med en stor säng.

Överlag var lokalerna fräscha, och signalerade en erotisk och spännande känsla.

Johan och Anna gick ner till källarvåningen, klädde av sig, duschade, satte på sig handukar som andra hade och verkade vara klädkoden för kvällen, och började röra sig runt på klubbens våningsplan med en pirrig känsla i kroppen. Anna var mycket sexig i det blöta håret som hon borstat bakåt och med en handduk som knappt täckte hennes runda fina rumpa. Hon har en mycket fin kropp med ett par stora sköna bröst och får många avundsjuka blickar från andra kvinnor i hennes ålder.

Deras val föll på våning 2 där de satte sig i en ledig soffa med var sitt glas gin och tonic. Det satt redan 3 andra par och 5 singelkillar där och det visades porrfilm på tv. Ett utav paren satt utan handukar och hon runkade lätt hans redan hårda kuk medans de tittade på filmen som visade en trekant med två killar och en tjej. När hon efter en stund böjde sig ner och började suga honom blev det starskottet för flera andra som också började smekas och pilla.

Johan lade märke till en kille som satt mitt emot dem med halvöppen handduk och med en kraftig och stor kuk som följde dem med blicken. Han viste sedan länge att Anna gillade stora kraftiga kukar, men att hon aldrig fått möjligheten att prova en på riktigt. Han lät sina händer vandra upp med Annas lår och började smeka henne mellan benen samtidigt som han viskande gjorde henne uppmärksam på killen. När han lät sitt finger glida in mellan de yttre fitt läpparna kände han tydligt hur blöt hon var. Hon tittade på honom med en min som sa: "japp jag blir kåt av detta" och tog samtidigt av sig handduken helt, särade på benen, och gav killen mitt emot fri sikt till hennes nu öppna, rakade fitta. En äldre kar som satt till höger om henne i soffan började smeka hennes ena bröst samtidigt som hans fru sög honom. Vi satt nu alla och följde ett par i 30 års åldern som förflyttade sig till golvet i mitten. Killens kuk var nu riktig hård och böjd som en banan, ollonet petade nästan i hans navel. Hon stod på alla fyra och han gled in i henne baki-

från. Båda dessa saker, kukar som är stenhårda och de kukar som är en bra bit över snittet i storlek, är något Anna blir extra kåt av. Lägger man till att hon älskar när någon pillar och suger på brösten som är så känsliga att hon nästan kan komma av att bara bli stimulerad där, släppte de sista hämningarna. Nu ville hon också knulla. Hon reste sig upp och ställde sig mellan benen på Johan med ryggen mot honom, grep tag i hans hårda kuk och sänkte sig ner på den. Den gled lätt in nu när hon var så blöt, och kom i denna ställning djupt in i henne. Hon lutade sig bakåt mot hans bröstkorg vilket gjorde att killen mitt emot nu tydligt kunde se hur hennes fitta omslutade Johans kuk. När Anna såg hur killen satt och smårunkade sin välväxta kuk, med blicken riktad på hennes fitta kände hon hur det pirrade enda upp i magen. Efter en liten stund reste sig killen och kom mot dem med en frågande gest om det var ok. Anna nickade lätt att det gick bra, varpå killen satte sig på knä på golvet framför Anna och började slicka henne samtidigt som hon red Johan. Det var så förbjudet men samtidigt så upphetsande och skönt att känna hans tunga på klitoris samtidigt som hon hade en kuk i sig. Johan satt i ett perfekt läge för att kunde små nypa i hennes bröstvårtor, och här satt dom och knullade framför en 8-10 personer med en helt främmande kille som slickade hennes klitoris med bara millimeters marginal till Johans kuk. Det var länge sedan Anna hade varit så här kåt och hon kände att hon kom i små, små miniorgasmer nästan hela tiden. När Johan kände hur hennes fitta kramade och sög hans kuk så skönt blev det omöjligt för honom att hålla igen, han kom i en kraftig orgasm och pumpade henne full med sperma. Anna kände hur hon fylldes med sperma och blev lite småsur på Johan att han kom i henne nu när hon blev slickad så skönt. Den andra killen vill nog inte fortsätta slicka en sperma fylld fitta tänkte hon så hon reste sig och gick på toan för att släppa ur sig Johans sats. När hon kom in igen såg hon att alla de övriga var i gång. Det slickades, sögs och knullades överallt. Det som slog henne var att det verkade som att de andra tjejerna fokuserade på att göra det skönt för sina killar medan hon själv var helt och hållet inne på att låta killarna smeka och pilla på henne och sätta sin egen njutning i centrum. Killen som slickat henne satt kvar på golvet tillsammans med Johan och först nu såg hon tydligt, när den inte var dold i hans hand, vilken stor kuk han hade. Den var nog över 20 cm, grov och med tydliga ådror nu när den var så hård. Johan vinkade mot henna att hon skulle ta plats på golvet hos dem så hon la sig ner mellan dem. Hon var bara tvungen att känna på honom, hennes hand sökte sig ner över hans mage och ner mot denna stora härlighet som fanns mellan hans ben. Hon strök med fingrarna längs skaftet, ner mot pungen som nu var hopdragen och spänd och började sedan runka honom med sakta lugna tag. Hon böjde sig ner och tog han i munnen, hon kände den salta smaken från den blanka droppen som tittade fram, cirklade med tungan över det sammetslena ollonet drog tungan längs den lilla strängen medan hon runkade den lätt. Samtidigt började Johan fingerpulla henne lätt och smeka hennes bröstvårtor som nu var stora och styva. Efter en stund rullade hon över på sidan med ansiktet mot Johan och rumpan mot killen som fiskade fram en kondom från skålen på bordet och rullade med visst besvär på den över den spända stora kuken. Ansikte mot ansikte med Johan styrde hon den grova kuken in i sin mycket blöta kärleksgrotta. Han fyllde henne totalt utan att det gjorde ont, kände hur han sakta gled längre och längre in för att till slut stöta mot livmoderväggen, låg sedan bara still kramade den med slidmusklerna och kände hur den bokstavligen pulserade i henne. Han var så stor så hon lät fittan vänja sig innan hon la benen i kors för att känna friktionen mot klitoris och började röra sig mot honom. Det var en underbar känsla att bli så fylld, något hon bara blivit med hjälp av leksaker tidigare. Johan flyttade sig upp så hon kunde ta hans nu halvstyva lem i munnen och kände att orgasmen var på väg. Det började ända nere i tårna och gick som små stötar genom hela kroppen när hon nådde klimax. Hon kom kraftig och hennes fitta kramade den stora kuken i krampryckningar från orgasmen vilket gjorde att killen i en sista stöt fyllde kondomen med ett lätt stön. De låg kvar en liten stund och pustade ut och först när hon kände att killen började slakna drog hon ur den. Anna vände sig om och gav killen en lätt puss på kinden som tack, och satte sig i Johans armkrok i soffan för att ta en cigarett och något att dricka. Efter en stund kom det äldre *paret som suttit bre vid och tittat fram, satte sig på knä, hon framför Johan och började suga honom, han framför Anna och började slicka. Så satt dom i soffan sida vid sida och blev servade med oralsex från två helt okände personer och kände att lusten började komma tillbaka. De tittade varandra i ögonen och smålog av den mycket ovanliga situationen, här satt dom sida vid sida och fick oralsex men avböjde deras invit om fortsatt lek och gick istället till nedervåningen för att duscha. När de senare klädde på sig kände bägge att detta varit en mycket häftig kväll, att kunde vara så hämningslösa. Det hade gett mersmak som skulle visa sig leda till flera återbesök i åren som kom. De vandrade rätt trötta genom centrum mot sitt hotell där de avslutade kvällen med ett skönt nummer innan de båda två somnade nöjda och tillfredsställda.*

2

Områdets restaurant hade redan på torsdagskväl-
len tagit dit några lokala trubadurer, och det servera-
des pizza buffé inkl. Öl/vin för bara 50 kronor. Bad-
tunna och bastu skulle hållas varma till 24.00. Det var
många gäster som var partysugne efter för många, en
lång resa dit så lokalen fylldes snabbt med folk och
stämningen var på topp. Där fans bland andra, förut-
om Johan och Anna, Jens och Gry, Göran det Norska
paret, samt de två paren från Ljungby och Karlskoga
som campade på säsong. Många av gästerna kände
igen varan från tidigare besök, men några även från
andra ställen i olika sammanhang. Fram åt 22.00 bör-
jade Lena, hon från Karlskoga, bli rätt så rund under
fötterna och satt och flörtade helt öppet med sin
camping granne från Ljungby. Att hans fru Gunn satt
jämte var inget som Lena brydde sig om. Det var
ingen nyhet att han gillade hennes uppmärksamhet
då han nästan för jämnan hängde med henne och
hennes man Roger på dagarna. Sin fru var han mest
spydig emot när hon försökte vara lite social och hon
var sällan med. Gry, som var klätt i en lätt sommarkjol
gick runt och undrade om någon sett Jens då hon inte
kunde hitta honom bland borden i restauranten när
han plötsligt dök upp bakom henne och undrade om
de inte skulle avrunda kvällen i bastun. Gry blev gen-
ast på gott humör och tyckte det skulle vara en skön
avslutning på en lång dag. Johan och Anna satt och
småpratade med Peter och Ida från Fagersta när
Norrmannen kom fram och undrade om det var
några flera som skulle gå och ta några öl i badtunnan

o basta. De tyckte det lät som en trevlig avrundning på kvällen så de gick till sina respektive vagnar för att klä av sig och packe något att dricka. När de kom ner till vattnet där bastun och tunnan var såg de att det var mycket välbesökt den kvällen. Det var 10-15 personer i tunnan, det satt lika många kring borden bredvid och när de tittade in i bastun var båda bänkraderna fulla. Då hördes en norsk röst: Dere kan sitte här alltså! Det var Ewa från Norge som precis skulle gå ut en sväng för att röka med sin man Ole. Idet de gick ut vände sig Ewa om och sa att hon skulle vänta in lediga platser i tunnan och att hon kunde skicka in Ole för att säga till. Anna nickade ett: va bra! Och funderade samtidigt på hur det funkade med Ewas intimpiercingar i värmen. Med en ring i klitoris och i vardera bröst vårta, borde hon känna av värmen från dem och att det kanske var därför hon hellre ville sitta ute i badtunnan. Det var härlig stämning i bastun med många skratt och trevliga samtal när det hördes höglydda röster utifrån. Fler av bastubadarna gick ut för att se vad det var frågan om fick se att det var lite osämja mellan Lena från Karlskoga och Peter o Ida från Fagersta. Ida och Peter hade suttit vid ett av borden när Lena på ostadiga ben hade kommit och satt sig bredvid dem och sedan direkt börjat tafsa Peter mellan benen. Ida som satte sig själv väldigt högt på skalan vad gäller utseende hade då släng ur sig något i stil med: "skal du få någon reaktion får du försöka dig på någon som inte är särskilt kräsen av sig". Lena blev då rasande och kallade Ida för "jävla silikonbrud" bad henne dra åt helvetet. Då hade flera andra börjat lägga sig i för att försöka lugna ner dem lite men trissade upp stämningen ännu mera. Roger, som suttit i badtunna kom och bad Lena följa med till husvagnen och fick hjälp att leda henne hem av Jens och Ole. Flera andra besökare tackade i samma väva också för sig och gick för att lägga sig. Det var nu gott om plats i badtunnan så Johan och Anna som också gått ut för att se vad det var för liv. Både Gry, Göran och Ewa var bland dem som redan satt där. Det var många åsikter om Lenas beteende, men också hur Roger nästan med flit låtit henne skämma ut sig så bland alla besökare där. Ett Tyskt par som varit tysta tills nu sa på lite dålig Engelska att de trodde det var Lena som under tiden hon satt i badtunnan varit på båda dem två också. De var inte säkra då det var rätt trångt ett tag, men både hon och han hade flyttat undan händer som varit på ställen de inte hörde hemma. Göran försökte få i gång ett samtal med Gry, men hon verkade bara lyssna med ett halvt öra och satt och tittade mest upp mot husvagnen till Roger och Lena. Tog det inte lite väl lång tid att lägga henne tänkte hon då Jens inte kommit tillbaka efter 20 minuter. De allra flesta hade gått hem nu när klockan närmade sig 23.30. Johan tyckte också det var dags att ge sig så han och Anna tackade för i kväll och gick för att ta en dusch. Peter och Ida frågade om någon ville följa med på en nattfösare hos dem vilket Göran och Ewa tackade ja till. Det tyska paret och Gry skulle basta en liten stund till, sa god natt till övriga och gick in i den nu tomma bastun.

Peter 35 och Ida 29 hade bara varit ihop i 3 år nu och detta var deras premiär år som naturister. De levde modernt i en lägenhet i Fagersta i en mycket fri och öppen relation. Det var mycket yta hos dem. Husvagnen var av den senaste årsmodellen, bilen var en ny suv och de själva var mycket måna om att se bra ut. Peter med sin backslick och Ida med både fyllda läppar och förstorade bröst. Då Ida var mycket nöjd med sitt eget utseende hade hon svårt att acceptera att Peter skulle bli attraherad av andra kvinnor som faktiskt ofta hade olika skavanker. När då Lena rätt fort fick Peter att reagera, hon såg hur han fick halvstånd, blev hon upprörd.

På väg till husvagnen lugnade Lena ner sig och började istället skratta åt hela händelsen. Vad var det som hände frågade Ole när de satt sig i deras förtält. Jag tänkte skoja lite med den stroppiga Ida, och se hur fort han skulle bli så jag strök Peter lite lätt på kuken så här, och demonstrerade på Ole. Hon tittade med en suddig blick på Oles piercade kuk som direkt blev hård och spänd. Roger som suttit tyst öppnade sin badrock och började runka. Jens som satt i stolen bredvid gjorde likadant. Lena som såg att de båda satt och tittade bad Olle lägga sig på golvet. Med putande rumpa mot Roger och Jens, började hon suga. När hon druckit var det killarnas orgasmer hon ville åt. Se och smaka på deras sperma som ibland var tunn och ibland tjock. Ibland smaklös, ibland salt. Några sprutade kraftigt medan andra sipprade det bara några droppar från. Att Lena gick i gång på detta viste såklart Roger om, och bad båda killarna om att när de kom skulle de spruta på henne. När Jens efter en liten stund sträckte sig mot Rogers kuk blev han lite snopen, men lät honom runka lite. Det dröjde då inte länge före Jens fick bråttom och reste sig och gick fram till Lena för att lägga satsen på hennes rumpa och rygg. Lena kände när den varma sperman landade på skinkorna och stönade et nöjd mmmmmm. Hon satte sig på huk, tok Roger och Ole i vardera hand och runkade fram deras satser nästan samtidigt. Hon tittade med en nöjd min upp på dem med sperman droppandes från kinden. Roger knäppte några kort på Lena före hon utan att torka bort sperman gick för att duscha. Ole satte sig för att ta en cigarett, men fick då ett sms från Ewa att hon skulle en sväng till paret med den stora nya vagnen och att han skulle komma dit. Roger tackade grabbarna för insatsen när Jens gick mot bastun och Ole för att träffa Ewa. När Anna klev ur duschen öppnades dörren och Lena kom på vingliga ben in alldeles kladdig i håret och på kinden och Anna såg direkt att det var sperma. Lena såg att Anna tittade och visade med tungan en buktande rörelse i kinden vad hon sysslat med och flinade och försvann in bakom skynket för att duscha. När hon och Johan gick mot vagnen berättade Anna hur Lena sett ut och de spekulerade i om det var Jens som varit kvar där eller om det var Leif som de sett umgicks flitigt med Roger och Lena. Det kanske var båda tänkte de och undrade hur deras lekar under kvällen gått till, och vad hon kunde få ut av att bli sådär nerkladdad.

När Ole hittade till Peter och Idas husvagn, berättade han utan omsvep orsaken till att det hade dröjt. Han och Ewa har aldrig mörkat saker för varandra, skilde på sex och kärlek och hon tyckte bara händelsen var en kul grej och gav sin man en puss. Göran kände hur det pirrade till av det Ole berättade. Ida däremot blev nästan lite förnärmad av att han fick det att låta som en skön grej då hon var van vid att få all uppmärksamhet. Peter, som såg att Ida blev lite sur, och för att vara pigg även på midsommaraftonen tyckte det var lika bra att avrunda kvällen och tackade Göran, Ole och Ewa för sällskapet. På väg mot stugan var Göran nästan lite förbannad på sig själv för att inta han erbjudit sig att hjälpa Roger upp från bastun med Lena. Då vore det ju han som fått en skön avsugning nu i kväll tänkte han.

Jens tog ett varv runt bland vagnarna för att se om det var några flera som hade lite kvällsaktiviter för sig, men det var mörkt och släkt i stort sätt hos alla så han gick mot bastun för att se om det var några kvar där. När han närmade sig bastun kunde han se att badtunnan var tom, likaså borden runt i kring, men han kunde se rörelsen från några skuggor genom det lilla fönstret på bastun. Han gick fram till fönstret och tittade in och fick en liten klump i magen. Han blev både arg, ledsen, besviken och upphetsad på samma gång. Där i bastun fick han se Gry tillsammans med det tyska paret i full gång med att ha sex. Till trots för att han nyss hade haft en utlösning kände han hur kuken åter började fyllas med blod och drog några drag. Den Tyska killen satt på den nedersta bänkraden och tjejerna sto på alla fyra på var sin sida om honom och lekte med hans kuk. Den var smal, men mycket lång och han hade en blank rätt så kraftig ring av stål kring pungen och roten vilket gjorde honom extra hård. Hans fru runkade honom lätt medan Gry lekte med tungan kring hans lila ollon. Efter det han kunde se hade han armarna kring deras bakar och verkade fingerpulla båda samtidigt. När han stått och tittat en stund reste sig Gry och gränslade honom och hans fru styrde med van hand in den långa kuken i henne. Tyskan klättrade sedan upp på den översta bänkraden och hon med ansiktet mot väggen och han med huvet bakåtlutad sänkte hon fittan mot sin man så han kunde slicka henne. Hon greppade sina egna skinkor, drog isär dem och Jens kunde se hur hennes rätt stora ljusbruna fitt läppar slöt sig kring hans tunga. Nu var han så kåt av uppvisningen inne i bastun så han gick runt hörnet, öppnade tyst dörren och gick in.

3

På Midsommarmorgonen vid 07.30 klev Johan ut från husvagnen i härlig sol för att ta ett bloss till kaffet och hann tänka att det såg ut att bli kanonväder denna mittsommarafton innan han fick se blåljusen nere vid badplatsen. Det var två ambulanser och en polisbil + ett antal nyfikna som stod och pratade i små grupper. Hans första tanke var att det måste vara någon morgonbadare som dykt ifrån bryggan eller något, fast det var grunt och stenigt. Det var många på campingen som hade det som rutin att ta ett dopp direkt på morgonen. Han ropade ut Anna som med en nyvaken min undrade vad det var. De att där i morgonsolen med sitt kaffe och småpratade och kikade ner mot badet och fick då se att ambulansmenen bar ut en bår från bastun. Va fan kom det spontant från Johan. Vad är det som har hänt? Från bastun? Den var aldrig igång så här dags! Ambulanserna åkte i väg utan blåljus, men polisbilen blev kvar där nere och de som samlats där gick därifrån. En som varit där och som Johan och Anna kände igen när hon kom gående var Gunn från Ljungby. Hon tackade ja till kaffe som Anna bjöd in henne på, så de fick all information hon lyckats få tag på. Det var någon kvinna hon inte kände igen som varit nere tidligt på morgonen för att ta ett bad som sett att bastudörren varit blockerad med en stor stör. När hon gått för att ta bort den hade hon fått se att det låg någon på golvet där inne. Hon hade skyndat in, men när personen inte haft någon puls hade hon larmat 112 och påbörjat HLR. När Gunn sen kommit ner var polisen

28

redan på plats och varit mycket förtegna om vem det var och vad som hänt. Hon viste inte ens om det varit en olycka, sjukdom eller ett brott, om det var en man eller kvinna. Polisen ville vara säker på personens identitet och hinna informera på rörande innan de gav någon mera information. Alla tre satt ett tag där i morgonsolen och resonerade fram och tillbaks vem det kunde tänkas vara, men ingen hade några direkta förslag när polisbilen kom åkande och stannade vid Jens och Grys Vagn. Efter ungefär 5 min kom dom ut igen, med sig hade de en ihopkrupen Gry. Men gud utbrast Anna. Kan det vara Jens som dött? Han var ju nere vid bastun i går kväll, men gick med Roger och Ole när tjafset med Ida börjat, och var inte tillbaks när vi gick hem sa Anna. Jaha, han följde med den där lilla madrassen sa Gunn och blev lite mörk i blicken och berättade att Leif, hennes kar, nästan jämt häng- de med dem och vad han fick för service där. Anna tänkte på mötet med Lena i duschen kvällen innan, fick en bild i huvudet, men lät bli att nämna något för henne. Gunn tackade för kaffet och gick, Johan och Anna dukade fram frukost, medan allt flera besökare vaknade upp till nyheten om vad som hänt under kvällen/natten.

Planerna för dagen skulle enligt ledningen på campingen fortlöpa som planerat. Det skulle dukas långbord för gemensam sill lunch på gräsmattan ne- danför receptionen vid 13.00 och mittsommar- stången skulle resas vid 14.00. På kvällen skulle ett lokalt dansband spela och det skulle även bli karaoke.

På sitt kontor i centrala Nynäshamn satt polisen Stefan och tittade på klockan som var 10.30 denna soliga midsommarafton väntade på att få gå hem. Han skulle gå av vakt kl.12.00 för att direkt åka ut med båt tillsammans med två kompisar. Detta var Stefans första sommar som singel då han och hans fd fru i höstas bestämt sig för att skiljas, så kompisarna var måna om att få med honom ut och träffa lite folk Han och hans ex hade inte haft något samliv att prata om på flera år, vilket till stor del berott på honom. Hon var mer som en kompis som bara skulle finnas där och som han tagit förgiven. Om hon tagit initiativ att göra något romantiskt, var det han som alltid sagt nej eller prioriterat jobbet framför att vårda deras relation. Han var nu 43 år och kände att han nog borde prioritera annat här i livet än bara jobbet, så han så fram emot några dagars ledighet. Telefonen ringde och det var hans chef som ville att han kom in till hans kontor. När han gick in tittade chefen upp på honom och sa: sorry Stefan, men det värkar inte som det blir något midsommarfirande för oss. Vi har fått ett misstänkt mord som måste utredas ute på naturistcampingen och du är satt som ansvarig utredare med den följden att du är beordrad att jobba över helgen. Jag har ringt efter Linn för att bistå dig i utredningen och hon skulle bara få i väg barnen och sin man Mats till landet först så kommer hon in. Med tanke på var det har hänt kan det se lite bättre ut om du har med dig en kvinnlig kollega resonerade chefen med ett flin. De har ringt från rättsmedicin och har en preliminär rapport på den avlidne som ni kan åka över och titta på innan ni åker dit ut och kollar om någon där vet något. Stefan svor lite lätt över den indragna ledigheten, men blev samtidigt lite smickrad över att bli satt som ansvarig utredare. När Linn kommer samlas vi för en snabb genomgång av det vi har till nu, sa chefen innan han gick för att hämta kaffe. Att det var just Linn som han skulle tillbringa denna midsommarafton med såg han bara som positivt.

Hon var en ung polis, 28 år, som jobbat 1,5 år på stationen och var en frisk fläkt på jobbet. Mycket kompetent, med mycket humor och lättsam personlighet så det kändes bra att få henne vid sin sida. Kvart över elva kom hon in på hans kontor och sa med ett skratt: vad kul Stefan att du vill ha med mig ut och campa. Hon bar på en större väska och var fritidsklädd i shorts och linne. Stefan reflekterade över hur vältrenad hon såg ut i sin lätta klädsel och snygga solbränna. Vad har hänt frågade hon idet hon satte sig. Vi skal in till chefen och få en genomgång av det vi vet så här långt innan vi sticker svarade han.

Chefen berättade att larmet kom 06.10 i morse från en Maria Stål, kvinnan som gjort upptäckten, när hon var till badet för ett morgondopp. Hon fick då se att bastudörren var blockerad av en stor stör vilket väcker misstankar om att detta inte är en olycka. Hon upptäckte då mannen som låg på golvet i bastun och påbörjat upplivningsförsök. Ett första förhör gjordes av poliser på plats, men hon kunde inte säga mycket mera än det hon upptäckt på morgonen. Den dödas fru Gry var också förhörd kort och har gett lite information om gårdagskvällen, vad de gjort och när hon senast sett sin man och vilka personer som närvarit. Ni får en lista på namnen. Rättsmedicin har mailat över en preliminär rapport, ni behöver inte åka dit, och där framgår det att mannen har skador i ansiktet, ett större brännmärke på ryggen, men att dödsorsaken troligen är hjärtinfarkt utlöst av värmen/uttorkning. Tekniker har varit på plats och säkrat spår, men det kommer dröja innan vi får något svar på eventuella DNA fynd. Ni får ta med er namnlistan och åka dit ut för att skapa er en bild och så kan ni passa på att fira midsommar där på eran lediga tid. På väg mot bilen kikade Stefan på listan som innehöll en 8-10 namn och funderade: undrar hur det är på en sådan naturistcamp. De allra flesta är nog mycket trevliga och gästvänliga sa Linn. Det kan till och med visa sig att vi får en hyfsad midsommar i det här fina vädret la hon till samtidigt som Stefan svängde ut av garaget och satte kursen mot campingen.

När Gry återvände till husbilen för att packa ihop och åka till sin son, fick hon genast sällskap av Gunn som sett henne komma. Hon undrade hur Gry mådde, och om det är något jag kan göra så måste du säga till sa hon. Gry som fortfarande var chockad av beskeden och inte riktigt fattade det som hänt, var tacksam för erbjudandet och sa att hon nog skulle behöva någon att prata med när hon kom upp nästa gång. Jag ringde min son och berättade vad som hänt, han ville att jag kom hem till honom över midsommar så jag åker dit nu sa hon. Gunn tyckte ändå det var lite märkligt hur oberörd och sansad Gry verkade vara till trots för det som hänt.

Ute på förmiddagen hade det spridit sig i stort sätt över hela campingen vad som hänt, flera var och beklagade sorgen hos Gry. Bland de som varit vid bastun under kvällen innan spekulerades det hej vilt om hur det kunnat gå till. Det de fortfarande inte viste var at de under dagen skulle få redovisa i detalj sina observationer av Jens och Gry, både från gårdagen och för de som kände igen dem från tidigare besök, vad som hänt bakåt i tiden.

Anna stod och skrubbade potatis vid det öppna köket när den mörka bilen svängde in på parkeringen

bredvid. Ut klev det en rätt ung, sportig tjej kring 25-
30 år och en mörk stilig kille kring 40 i jeans och
skjorta. Poliser tänkte hon när hon såg deras anteck-
ningsblock. Hon hoppades att inte hela denna mid-
sommarafton blir förstörd av det som skett då hon
sett fram emot denna långhelg och var dessutom
väldigt partysugen. Poliserna, eller de hon trodde var
poliser gick mot receptionen idet hon gick tillbaks
mot vagnen. Johan var klar med sina förberedelser
inför lunchen och de satte sig i solen med varsin öl.
De var fortfarande omedvetna om att deras namn
fans med på den listan som polisen hade med sig till
receptionen för att få allas platsnummer och att de
också skulle få besök lite senare.

Linn och Stefan bestämde sig för att först ta sig
en prat med Gry för att sedan ta ett snabbvarv med
de övriga. Med tanke på att det var mittsommarafton
i dag ville de till en början bara presentera sig och
låta alla i möjligaste mån själva tala om vilken tid det
skulle passa för ett mera djupgående samtal. Stefans
erfarenhet som utredare var att han på det sättet
ofta fick en mer detaljerad redogörelse från de han
samtalade med. Gry var i full gång med att packa ihop
utemöblerna ner de kom gående. Båda presenterade
sig, beklagade sorgen, och undrade var hon var på
väg. Jag har tänkt åka till min son några dagar. Han
tyckte det skulle vara bra för mig att komma dit över
helgen sa hon. Linn förklarade då på ett lugnt och
pedagogiskt sätt hur viktigt det var för utredningen
att hon stannade kvar på campingen några dagar, och
undrade om det inte var möjligt att få någon som
kunde komma dit och stötta henne. Vi kommer be-
höva din hjälp för att kunna lösa detta så snabbt som
möjligt, och lät bli att nämna att de hade all rätt att

hålla henne kvar där. Stefan blev imponerad! Det var precis i hans ande tänkte ha. Att få henne känna att hon själv valde och på det sättet bli lättare att samarbeta med.

Gry sa att hon nog skulle kunna ringa sin väninna Hanna och fråga om hon kunde komma, och så hade Gunn erbjudit sig att finnas där för henne. Jag kollar med Hanna direkt sa hon och gick in för att ringa. Vi ställer bara ett par tre frågor nu och går lite mera på djupet senare sa Stefan när hon gått in. När Gry pratat med sin väninna kom hon ut igen och sa att Hanna blivit alldeles knäckt och att hon skulle komma dit så fort hon kunde, om max 2-3 timmar. Bra! Sa Stefan och frågade om hon bara kort kunde berätta vad hon och Jens gjort kvällen innan.

Ja, efter att vi var klara här gick vi till restauranten en sväng och åt. Sedan var vi och badade i tunnan nere vid bastun sa hon. Var ni tillsammans under hela kvällen? Undrade Stefan. Nja, inte riktigt hela kvällen, Jens hjälpte Roger med hans fru upp därifrån, hon var rätt full! Och du var kvar? Fortsatte han. Ja, men han kom tillbaka efter en stund sa hon och Linn noterade en lätt rodnad på Grys kinder. Vilka flera var kvar under tiden han var borta då? Det var nog bara det Tyska paret och jag sa hon och tittade bort. När gick ni hem då? Jag gick hem vid halv 1, men Jens var kvar och var borta när jag vaknade i morse sa hon och ögonen fylldes med tårar. Det var alltså det sista hon sätt till Jens. Kring halv ett på natten. Jätte bra Gry, sa han vi låter det vara med detta så länge så kan vi hellre ta några flera frågor senare. Vi går och lyssnar lite med Roger om han vet något sa han med ett litet kast med huvudet mot Linn om att de skulle gå. De stannade till vid kiosken, köpte var sin glass och satte

34

sig vid borden där. Först nu upptäckte Stefan hur alla som rörde sig runt i kring var nakna. Vid kiosken, köket servicehuset, ja till och med de som rastade hunden var spritt språngande nakna. Linn, som såg hur Stefan med stora ögon tittade sig om kring, skrattade. Ja, du ser hur lite man tänker på att folk går nakna när alla gör det sa hon. Det är nog snarare vi som sticker ut från mängden med vår klädsel sa hon. På vägen mot Roger och Lenas vagn lite senare tänkte han på det Linn sagt, det stämmer nog att vi sticker ut, alla verkade följa dem med blicken. Roger som satt på knä och snickrade på en trappa vid trädäcket de hade som uteplats reste sig när de kom, och glatt hälsade på dem. Ni måste vara poliser sa han och tittade nerifrån och upp. Ja, svarade Stefan och presenterade både sig och sin kollega och vart de kom ifrån. Har du tid någon minut? Javisst! Kaffe? Han ropade utan att vänta på svar in till Lena att sätta på en kanna. Kaffet måste ha varit färdigt för Lena som i nästa sekund kom ut, bar på en termos och fyra koppar. De hejade och satte sig. Vi kollar lite kring gårdagen sa Stefan, och som vi förstått det träffade ni Jens i går? Ja, det stämmer, vi sågs i bastun svarade Roger. Kan ni berätta lite hur han verkade vara och vilka flera han pratade med sa Linn och började sippra på kaffet Lena satt tyst med en finurlig blick i ögonen när Roger nästan lite stolt gick genom gårdagskvällens händelser. Att Lena redan tidigt på kvällen börjat få lite väl mycket alkohol i sig, hur det uppstod lite tjafs vid bastun, hur han fått hjälp av Norrmannen Ole och av Jens, ledsaga Henne upp till vagnen och att de där haft sex med henne alla tre. De blev kvar ca 30-40 minuter innan Ola gick hem och Jens ner mot bastun igen Efter en dusch hade de båda gott och lagt sig. En lyckad kväll for några, men mindre lyckad för andra sa han med en menande blick ner mot bastun. Hm , sa Stefan medans han antecknade det Roger sagt och fick samtidigt bilder i huvudet hur deras aktiviteter gått till. Blir ni kvar över helgen? Frågade Linn. Vi behöver möjligtvis prata lite mera med er vid ett senare tillfälle. O ja, vi har semester nu, så vi blir kvar flera väckor svarade han.

Klockan närmade sig 12.30 och många campinggäster började samlas vid långbordet inför lunchen. Vi åker och käkar så blir vi med vid resandet av stången sen vid 14.00 sa Stefan. Låter bra sa Linn.

4

Under lunchen på den lokala pizzerian diskuterade Stefan och Linn sina uppfattningar så här långt. Jag har en känsla av att svaret kan ha kopplingar till svartsjuka och att frun Gry på något sätt kan vara inblandad sa Linn. Stefan var inne på samma linje, men kopplat till det faktum att Stefan faktiskt varit med Rogers fru och att det på något sätt inte varit lika ok som Roger gett uttryck för. Vi får försöka ta en prat till med dem efter att vi träffat de övriga på listan sa han. Vilka flera är det frågade Linn. Det är Ole och Ewa, det måste vara normännen Roger pratade om la han till. Sedan har vi paren Peter och Ida, Johan och Anna samt en Göran. Oj, det kommer ta hela eftermiddagen innan vi hunnit pratat med alla konstaterade Linn. Vad har du för planer i helgen förutom jobb då frågade hon. Jag har ringt återbud till dem jag skulle firat med. Och du? Samma här. Mats och ungarna har åkt till landet och är inte hemma förens tidigast onsdag nästa vecka. Vi kanske skal fråga om det är något ledigt att hyra på campingen och vara kvar där ute på vår lediga tid också? Det värkar ju ändå som ett rätt trevligt ställe nu när det är midsommarafton och allt. Vi blir med vid resandet av mittsommarstången innan vi fortsätter, och då startar vi med Ole och Ewa och går vidare till Johan och Anna enades de om innan färden gick tillbaka mot campingen. När de svängde in på parkeringen fick Stefan se att merparten bland det stora antalet campare som var samlad på gräset nu var klädda. Va skönt tänkte han. Då sticker vi inte ut lika mycket. Det skålades med nubbe och öl till olika snapsvisor och de flesta verkade ha ätit klart. Det blir inge alkohol på oss i dag sa Linn, åtminstone inte före vi pratat med de vi skal och får någonstans å sova i natt. Vi kollar det när det inte sker så mycket. Det var dags att resa midsommarstången. Ett antal stora karar tog plats längs stången, en med en lång pinne stod längs bak och stången restes till applåder. Sedan var det dags för dans, och någon tog fram gitarren och spelade medans det sjöngs och dansades runt stången. Sist kom även små grodorna, små grodorna ….. till mångas tjusning. Det var hög stämning, och många var redan synligt berusade efter alla snapsar. Det var inte många som verkade låta nattens händelse lägga någon dämpare på firandet. Gry såg de däremot inte vid stången och hoppades på att hon fått sin väninna på besök. Det tunnades ut rätt fort på folk vid stången, så Stefan tyckte de skulle leta rätt på de sista de skulle prata med och kunna vara lite lediga en sådan fin dag. Linn som passat på at fråga receptionen om övernattningsmöjligheterna hade fått ett negativt svar. Fullt. Jag tänkte om jag skal åka in till stan och köpa varsitt litet tält föreslog hon. Vädret skal tydligen hålla i sig så det borde kunna funka. De enades om att göra så, och gick mot plats 472 som de fått uppgifter om att Ole och Ewa bodde på. Deras plats låg helt nere vid vattnet och båda var precis på väg upp efter ett dopp. Stefan kunde inte låta bli att känna sig lite tillfreds med att även naturister var tydligen skapta som han. Oles kuk var ihopdragen och liten efter det svalkande badet precis som hans brukade bli. Linn var lite mera rakt på när hon fick syn på Ewas piercingar och utbrast: va häftigt, är det guld och pekade mot hennes ringprydda bröst? Ewa skrattade men dementerade med att säga att det bara var guldfärgat stål.

38

Den vanliga proceduren med vilka de var, varför de var där avklarades och Ole berättade om gårdagskvällen. Om Jens som de var bekanta med sedan tidigare år, hur han brukade glida runt på sina små utflykter där även de haft besök av honom. Att de två, Ole och Jens följde med Roger och Lena till vagnen så som även Roger redovisat för, efter tjafset mellan Lena och Ida. Fast nu fans det med lite mera detaljer, som att han fått en avsugning av Lena, hur Roger och Jens suttit och runkat och hur han då sätt Jens greppa Rogers kuk. Som han, men främst Roger såklart blivit lite ställd av. Stefan noterade de nya detaljerna och reagerade över att Ole var så öppen med detta trots att hans fru satt med dem. Han hade själv varit otrogen i sitt ektenskap och använt sig av alla sina kunskaper som polis för att dölja detta för sin fru. Det här paret verkade inte alls se det som att han på något sätt varit otrogen utan snarare som en nästan vardaglig grej som båda ägnade sig åt och trivdes med. Och när de sedan kommit hem till vagnen efter besöket hos Peter och Ide funderat över orsaken till att Ida reagerat som hon gjort. Linn tackade för värdefull information, informerade om att de troligtvis skulle återkomma med flera frågor senare och undrade om de skulle bli några dagar, vilket de bekräftade. Det började bli olidligt varm nu när de gick därifrån och Linn sa utan omsvep: Vi går till bilen och klär av oss. Så här går det inte att gå runt i den här värmen. Stefan kände han blev ännu lite varmare och blev faktiskt lite nervös. Hur skulle det se ut om det kom några kollegor dit? Äsch, sa Linn. OM det nu skulle vara så att det kom någon har de väl sätt ett par bröst och en snopp förut, om inte annat har de sätt oss i duschen på gymmet. Kom igen nu, fega inte sa hon när de kom till bilen, och började ogenerat klä av sig. Stefan tvekade något, men vände ryggen åt henne och drog av sig han också. När han vände sig om mot Linn såg han att hon var jämt brun, inga skiljen efter bikini eller så, med små toppiga bröst och bara en liten sträng hår mellan benen. Hon var verkligen vältrenad tänkte han.

Han kände paniken komma när det pirrade till mellan benen. FAN inget stånd nu tänkte han. Linn som hann se förändringen sa bara: du blir snart van, vi går och hälsar på Göran tycker jag. Stefan kände sig inte riktigt bekväm när han gick i blanka mässingen genom campingen mot den stuga Göran hyrt. Stugan var tom, ingen Göran var att se så de bestämde sig för att avsluta dagens jobb med en prat med Johan och Anna. De satt och solade och läste, hon i en solsäng och han i en stol med varsin bok och en öl. Anna tittade upp och hejade. Linne presenterade sig, Stefan å deras ärende, varpå Anna med en lite förvånad min sa på skoj, jag kände inte igen er utan kläder. Johan gick fram och hälsade på båda och hämtade två stolar som han ställde upp vid bordet. Har dagen varit bra så här långt då frågade Linn som märkte att de inte var helt nyktra. Ja, vilken härlig dag bekräftade Anna, strålande sol, varmt god mat och dryck, synd bara att vissa måste jobba sa hon med tanke på varför ni är här sa hon. Rent formellt tror jag vi stämplar ut för dagen nu, är nog bäst att ta de formella frågorna i morgon, men om ni kan berätta lite allmänt om er uppfattning om Jens och Gry vore vi tacksamma sa Linn. Stefan som redan tappat fokus på jobb, lade märke till att hon var en mycket attraktiv och sexy kvinna där hon låg på rygg i solsängen, trots att hon var åtminstone 10 år äldre än han själv var.

Han märkte åter att han reagerade, var glad för att han satt ner och försökte fokusera på annat. Det blev svårt när Anna reste sig från solsängen för att sätta sig vid bordet. Hennes kropp var välsvarvad med stora runda bröst och han såg nu att hon dessutom var helrakad. Stefans tillstånd var nu fullt synlig för de andra, men ingen kommenterade det. Han tyckte sig se att Anna blinkade åt honom med ena ögat idet hon satte sig, men det kan ha varit inbillning. Han styrde samtalet snabbt över till att handla om deras observationer från gårdagen. Johan sa att de inte fått med sig så mycket av det som hänt nere vid bastun annat än slutet av ordväxlingen mellan Lena och Ida, samt att de noterat att Jens åter en gång gått i väg och lämnat sin fru ensam kvar. Vad menar du med åter en gång frågade Linn. Anna flikade då in att de inte kunnat undvika att se hur Gry förra året hade varit på ständig letande efter Jens.

Intressant, sa Linn. Det värkar nästan som om de levt separata liv och haft olika syften med sina vistelser både här och utomlands. Vi får nog grotta lite mera i detta senare! Nu tycker jag vi rundar av för i dag så åker Stefan och jag till stan och handlar lite sa hon. Ni kan väl komma hit till oss på något att dricka när ni kommer tillbaka? Och om ni vill kan vi ta sällskap till dansen i kväll, kanske grilla något innan vi går upp tyckte Anna. Både Stefan och Linn tyckte det lät som en trevlig ide och tackade ja till inbjudan.

När de reste sig och gick var Stefan åter mjuk, men Anna lade märke till den blanka droppen som hängde från Stefans kuk, hon flinade för sig själv och blev faktiskt lite smickrad. Var det henne han var kåt på? Om han reagerar så på denna korta stund, hur blir det då under eftermiddagen? Tänkte hon. De värkar ju vara trevliga kommenterade Johan när han såg hur Anna följde de med blicken när de gick mot bilen. Ja det var de och lade till med en trumpen tillgjord min: fast du tycker väl hennes bröst är finare än mina? De var fina, men jag älskar dina mera sa han och gav henne en riktigt blöt kyss. Anna kände hur Johans kuk reste sig mot magen och tog handen ner, greppade den, drog några runk drag och sa: Jaha, det är dags för en tömning så han håller sig lugn nu när vi får besök på eftermiddagen. Jag skulle också behöva lätta lite på trycket känner jag sa hon och drog med sig Johan in i vagnen. Anna bad Johan om att sätta sig ner och luta sig bakåt, själv satte hon sig på knä på golvet och tog kuken i munnen. Njut nu, jag älskar suga din kuk nu när du är så här härligt hård sa hon. Hon blötte ollonet med sin saliv, kupade handen över ollonet och med några smaskande ljud runkande hon honom hårt samtidigt som hon tog hans pungkulor i munnen och sög försiktigt. Shit vad skönt sa Johan, jag kommer att spruta direkt sa han. Anna märkte hur pungen spändes, drog några snabba drag så Johan kom i en kraftig orgasm och kuken pumpade ut en real sats som landade på hans mage och bröst. Mm, sa Anna och smakade på de sista dropparna sperma som hon försiktigt klämde fram, det var ingen dålig laddning du gått och tryckt på! Anna, som blivit riktigt blöt nu reste sig, gav Johan en våtservett, och tog sedan fram en liten klitoris vibrator från skåpet och sa: nu är det min tur, och satte sig i hörnet på sittgruppen med brett särade ben. Jag måste få smaka lite på henne sa Johan och dök ner mellan hennes lår. Din fitta ser så härligt inbjudande ut när den är så här öppen och blöt sa han och drog tungan sakta upp

42

mellan blygläpparna mot klitoris. Han stannade kvar och med små cirklande rörelser med tungan lekte han med hennes känsliga kärleksknopp. Stoppa in två fingrar bad hon å Johan testade med tre. Hon var så blöt nu så det var inga problem. Han vände handflatan uppåt så att han vid att böja lite på fingrarna kom åt hennes G-punkt. Anna startade sin vibrator och tryckte den mot sin klitoris och Johan kände direkt hur hon kramade hans fingrar. Hon lyfte rumpan mot fingrarna. Hårdare bad hon så Johan lät även ett finger glida in där bak. Nu när hon var fylld lät hon det komma med ett stön, hennes fitta kramade hårt fingrarna, pressade låren ihop och lät orgasmen sakta dö ut. Skönt! Det här behövde vi, men fy så varmt det blir. Vi går ut så vi får lite luft och något gott å dricka innan jag fixar salladen till kvällen sa hon.

5

När Hanna svängde in vid skylten till campingen hade klockan hunnit bli 16.00. På väg ner mot parkeringen vid reception mötte hon många festglada människor och slog bort tanken på att det var midsommar och en rolig festkväll. Hon var där för att stötta Gry i första hand. Efter å ha parkerat slog hon numret till Grys mobil för att tala om att hon var på plats, samt fråga var hon stod någonstans. Jag kommer och möter dig vid servicehuset sa Gry. När hon kom gående såg Hanna att Gry var nyklippt, sminkad och med en snygg solbränna. Hon har till och med ansat den lilla grå busken mellan benen tänkte hon. De kramades säkert 5 minuter utan att säga ett enda ord innan Gry släppte taget och med en ostadig röst sa att hon tyckte det var skönt att ha henne där. Hanna som hade följt med Jens och Gry å campat några gånger tidigare och var väl medveten om att förhållandet inte var det bästa sa: Gud vad hemskt, jag fattar inte att han är borta. Du måste berätta vad som hänt. De två väninnorna gick arm i arm ner mot campingbilen. Medan Hanna klädde av sig blandade Gry varsin Martini och satte sig i solen. Gry började berätta om gårdagskvällen, om besöket i restauranten, att de gått för att basta, att Jens gick i väg och att hon blev kvar ensam, att hon, när de flesta gått där ifrån fått komplimanger av ett yngre par som stannat kvar och hur hon, tack vara att hon varit lite onykter, tyckt det var rätt smickrande, och att Jens kom dit efter en stund, och att de blivit osams och att hon gick hem. Gry valde att inte berätta om äventyret i bastun med det Tyska paret. Om chocken på morgonen när Polisen kom och berättade vad som hänt Jens, och skuldkänslorna hon hade. Om han bara följt med mig hem vore han i livet nu sa hon med tårarna rinnande på kinderna. Vi skulle få det så mycket bättre den här sommaren menade hon. Jag hade bestämt mig för att få det att fungera mellan Jens och mig sa hon. Efter vårt besök i Franska Cape de adge förra året när Jens ständigt var ute på sina utflykter längs den långa stranden ville jag försöka vara lite mera öppen för nya saker, sa hon. Hanna som var en mycket frigjord och öppen person och som efter hon blev singel blivit nästan sexfixerad blev såklart nyfiken på vad väninnan menade med att bli mera öppen för nya saker och hur det varit i Frankrike. Det var ett helt otroligt fint stället sa Gry. En hel by med hotell, vandrarhem restauranter och butiker samt ett stort antal nattklubbar varav flera visade sig vara swingers klubbar av olika karaktärer sa hon. Stranden var uppdelad i 3 olika delar, den första för familjer och var som vilken naturiststrand som helst, nästa del höll bögar och singlar till och delen längst bort var för alla som gillade ha sex med ett stort antal åskådare. Vi höll till på den vanliga stranden, men jag upptäckte att Jens var väldigt intresserad av att besöka de andra delarna mycket frekvent under vår vistelse där och jag tror han deltog i en del aktiviteter på egen hand sa hon. Det var det som gjorde att jag har tänkt om och bestämde mig för att även jag kan vara mera öppen och att vi skulle få det bättre om vi båda tillsammans experimenterade lite sa hon. Vi hade redan hunnit testa lite och jag tyckte att vi fått det bättre samtidigt som jag kunnat njuta av det jag också sa hon. Hanna lyssnade med stora ögon och öppen mun.

Var det Gry som satt och berättade att hon nu i vuxen ålder knullade andra än Jens? Man blir ju kåt av att lyssna på dig sa hon. Dit måste du och jag åka någon gång och suga lite balle, det värkar vara ett toppen ställe för oss två nästa år sa hon och tände en cigarett. Hur är det här på campingen då? Är det några godingar här som kan få dig att tänka på lite andra saker och direkt komma vidare med livet? En annan har ju inte fått sig något nyp på länge sa hon. Gry, som nu efter några glas Martini, genast såg lite gladare ut bekräftade att det nog inte vore så dumt å hitta ett sett att njuta av livet. Vi kan ju gå upp och dansa lite i kväll föreslog Gry, men jag vill inte ner till bastun i dag då jag tror det bara skulle bli jobbigt så här tätt inpå sa hon. Tjejerna bestämde sig för dansen på kvällen, men först för att ta ett dopp, sedan äta lite innan de skulle duscha och klä på sig för kvällen. På väg ner mot badet mötte de på Gunn som undrade hur det var. Det känns något bättre nu som Hanna kommit sa Gry och presenterade dem för varandra. Hannas första tanke var att hon nog såg rätt bra ut i kroppen jämfört med Gunn som var kraftigt bygd med stor mage och rätt så hängiga bröst. Skal du med och bada? Vi skal ta ett dopp och sedan ta något att äta vid bilen sa Gry. Ja, jag hänger på för Leif hänger bara nere hos Roger och Lena som vanligt svarade Gunn. Det var rätt mycket folk vi badet, men de hittade en ledig yta på gräset där de la sina handukar innan de gick mot bryggan. Såg du killen som låg bredvid där vi la grejorna viskade Hanna till Gry. Såg du vilken balle!! Jag tycker vi ligger kvar och solar en stund efter badet sa hon och gav Gry en blinkning och gick sedan i vattnet.

Göran som legat ett vid badet hela dagen och kollat på folk var precis på väg mot stugan när han såg Gry och Gunn kom gående tillsammans med en tjej han inte kände igen. Hon var liten och smal, runt femti år, ljust kortklippt hår och med vad han trodde silikonfyllda bröst. Eftersom de la sina handukar precis där han låg bestämde han sig för att bli ett tag till. Han tyckte nog det var lite konstigt att Gry verkade vara så oberörd av Jens sin bortgång, men det är ju bra att gå vidare så fort som möjligt tänkte han. När de 3 tjejerna kom upp från vattnet såg Göran tydligt att den ljusa tjejen med silikonbrösten var helrakad, den kraftiga tjejen med en vildvuxen buske och den sista med hängbrösten hade en liten tofs kvar på venusberget. Alla tre la sig på rygg med benen mot honom och han kunde skymta de inre blygdläpparna på de två som inte hade något hår som skymde sikten. Genast började han bli lite halvstyv och såg till att de kunde se lagom mycket av det han hade mellan benen, men skylde sig så alla övriga på stranden inte skulle se.

Hanna som hunnit se den halvstyva kraftiga kuken när hon la sig ner kunde riktigt känna killens blick mot sin rakade fitta, kände hur det pirrade i underlivet och lät omedvetet benen glida lite lätt isär. Hon var normalt ingen stor beundrare av stora kukar, utan gillade de i normalstorlek bäst, men situationen i sig var upphetsande. Det här kan nog bli en riktigt bra midsommar tänkte hon, men påminde sig själv om varför hon var där. Hur tänker ni göra i kväll då? Frågade Gunn. Kommer ni att gå upp till restauranten eller vara kvar vid husbilen? Som den känns just nu vill jag nog bara vara kvar vid bilen svarade Gry, och kände åter hur tårarna tryckte på när hon tänkte på vad som faktiskt hänt. Jag kan inte fatta att Jens faktiskt är borta sa hon och tittade bort mot bastun. Hon förbannade sig själv för att hon inte stått på sig och fått med sig Jens hem kvällen innan. Nej, sa hon, jag går nog upp till bilen en sväng. Hanna satte sig upp för att för att följa med, men Gry hejdade henne och tyckte hon kunde ligga kvar med Gunn ett tag och sola. Hanna tittade på klockan som hunnit bli kvart över fem, och sa att hon blev kvar en halvtimme för att sedan komma upp och hjälpa till med maten för kvällen. När Gry gått frågade Hanna om Gunn viste något om det som hänt Jens kvällen innan. Inte mera än det som poliserna sa i morse svarade hon. Men det går lite rykten om att Jens skulle varit hos Lena på kvällen och att Gry varit sur för att han lämnade henne ensam kvar vid bastun en längre tid. Några tror till och med att det kan vara något svartsjukedrama sa hon. Hanna fick en djup rynka i pannan och sa lite högre än tänkt: Va, tror dom att Gry varit inblandat på något sätt? Nja, några tycker det värkar logiskt sa Gunn, men lade fort till att hon absolut inte trodde på det ryktet. Göran som hörde Hannas lite högljudda fråga sa: ursäkta men jag kunde inte låta bli att höra vad ni pratar om, och jag var med ett tag vid bastun i går och tror inte Gry varit inblandad på något sätt sa han. Å, sa Hanna nyfiket, träffade du dem där i går? Ja, jag var där ett tag och såg när Jens och Ole hjälpte Lena upp till vagnen och då var Gry kvar där med några andra sa han. Själv gick jag med Peter och Ida och Ewa, Oles fru, för att ta en öl vid deras vagn. Och när Ole sedan kom dit berättade han hur de haft sex med Lena och att Roger då faktiskt blivit lite sur på Jens när han vid ett tillfälle greppat hans kuk. Kan han vara inblandad på något sätt? Men vad fan då, sa Hanna. Har du berättat det för polisen då? Nej inte än sa Göran, men jag hörde att de skulle gå runt denna helgen och prata med alla som varit vid bastun i går och räknar med att de även kommer till mig sa han. Vet Gry om detta då sa Hanna och tittade på Gunn. Tror inte det, men det är allmänt känt att Lena gillar karlar så jag är inte förvånad att det var action där i går kväll, men jag tror absolut inte att de är inblandade i Jens dödsfall. Det är inget ont i dem sa hon, men tankarna började gå och hon funderade åter igen på varför hennes "gubbe" jämt hängde hos dem. Bor du i husvagn här på campingen? Frågade Hanna. Nej, jag hyr en stuga nu över midsommarhelgen svarade han. Då kanske du vill hänga på upp till Gry efteråt så hon får höra det du vet, och ta ett glas med oss? Det gör jag jätte gärna, skal bara gå förbi stugan och hämta lite grejor och ta en snabb dusch så kommer jag sa han. Jag går också en sväng hem och kollar om gubben är där så kommer nog jag också en sväng sa Gunn och hade svårt att dölja sin nyfikenhet kring det Göran hade att berätta. De packade ihop och gick i väg.

6

Johan och Anna såg när poliserna Stefan och Linn svängde in på parkeringen och började lasta ut. Det såg ut till att de både varit på systemet och friluftsbutiken. De bar på varsin ryggsäck och två bolagspåsar samt en tetra med vin. Anna vinkade åt dem att komma, de skulle kunna slå upp tälten i deras "hage" De stod på en väl tilltagen plats med häckar mellan de andra platserna. Som en egen liten oas och det var stora platser så ett eller två tält skulle lätt få plats. Gud vad svettigt det är sa Linn när de kom fram. Vi fick tag på varsitt "festivalsätt" på bil tema sa hon. Ett tält, liggunderlag, ryggsäcken samt ett litet tält för bara 399,- perfekt ju sa hon. Precis det vi behöver så nu kan vi stanna hela helgen även när vi inte jobbar. Ni kan väl kolla med receptionen om det är ok att ni slår upp tälten här bakom vår vagn, sa Anna. Både Stefan och Linn tyckte det lät som en utmärkt ide och ställde när grejorna intill häcken. Jag tror vi skal gå och ta ett dopp innan vi sätter upp tälten sa hon. De klädde båda av sig och gick tillsammans när mot badet och Johan kommenterade att de såg ut som vilket par som helst och inte som två poliser som var kolleger. Så fort kläderna åker av försvinner alla titlar direkt sa han och Anna nickade. Det var fortfarande mycket varm och solen gassade på, men det var nog dags att börja tänka på maten så Johan började förbereda grillen. Efter ett litet tag kom Linn och Stefan upp igen och började direkt med sina tält så de bara

kunde slappa sen. Vi tänkte snart grilla vi, har ni ätit
eller? Frågade Anna. Bara lunch, så vi köpte med lite
korvar och en köttbit som vi tänkte äta nu i kväll sva-
rade Linn. Johan hämtade ut en varsin öl till alla och
ställde på bordet. Kom och sätt er en stund när ni är
klara sa han. Stefan var i stort sätt klar med sitt tält
och vände sig om för att hjälpa Linn, men hejdade sig.
Linn stod framåtböjd för att sätta dit några pluggar
och Stefan förbannade den kvinnliga anatomin som
gjorde deras kön så synligt mellan låren bakifrån,
nästan som ett korvbröd. Han kände åter hur han
började få halv fjong och valde gå och sätta sig vid
bordet hos Anna och Johan i stället. Nu tycker jag vi
tar en jäger och en öl innan vi börjar grilla sa Johan
och hämtade 4 snapsglas. Anna gick till kyl boxen, och
även hon böjde sig framåt så Stefan fick fri sikt till
hennes renrakade fitta som såg mycket inbjudande ut
mellan hennes lår. Han kunde inte låta bli att slås av
tanken att tjejerna gjorde detta på flit för att retas
när de så tydligt kunde se hans reaktion utan att nå-
gon av dem kommenterade det. När Linn var klar
med sitt tält kom även hon å satte sig. Gud vad skönt,
nu är allt klart så nu kopplar vi bara av och njuter av
en härlig skön midsommarkväll sa hon och höjde
snapsen i en skål. Stefan svepte hela i en klunk och
tänkte att med lite alkohol i sig kanske han inte skulle
ha så lätt för att få stånd. Både Anna och Johan var
redan lite onyktra efter ett antal snapsar och öl under
lunchen vilket gjorde att Anna blev mycket pratsam
och det dröjde inte länge före hon ville berätta om
sina spekulationer om övriga besökare på campingen.
Vill ni höra? Frågade hon. Det ville både Stefan och
Linn. Linn tänkte att det säkert kunde vara informat-
ion de kunde använda i det fortsatta arbetet med att

lösa fallet Jens dagen efter. Det här er ett otroligt bra ställe att koppla av, träffa många härliga personligheter och vi har ett mycket mera aktivt och härligt sexliv när vi campar sa hon. Tar man han som ni utreder dödsfallet på och hans fru, har vi faktiskt funderat på vad de har för typ av relation. De har varit här ett par tidigare somrar och vi sa faktiskt när vi såg de komma att de skulle bli spännande och se hur det blev i år. Inte att vi trodde det skulle sluta med att någon skulle dö, men se om det var någon skillnad i hur de var mot varandra sa Anna. Och det började redan i går när de kom, han gick i väg på egenhand, förmodligen för att få doppa kuken hos någon annan och hon svansandes runt på området letandes efter honom. När jag var uppe och tog en dusch kom hon dit för att leta tror jag, men hon skyllde på att hon bara gick runt för att kolla om det var några förändringar mot förra sommaren. Men det ända som inte var något annorlunda var han som drog i väg och hon ensam letandes. Vi hörde även att Jens under gårdagskvällen följt med Roger och Lena till vagnen och satt på henne. När vi lämnat bastun i går och var och sköljde av oss efteråt kom Lena dit och efter det jag kunde se med ansiktet nerkladdat med sperma sa Anna. Det var inte bara från en sats, så hon måste haft en två tre kukar att leka med. Att folk har mycket sex här kommer ni säkert märka av, både små snabbisar på dagtid och ibland träffas några swingers vid bastun strax innan den stänger. Man har både sett och varit med om ett och annat under åren sa hon med ett belåtet skratt och stök Johan ömt på armen. Stefan förundrades över Annas frispråkighet, och rättframhet gällande både sexet och ordvalet å kände åter hur den växte till fullt stånd. Han var tvungen lägga benen i kors och klämma fast den mellan låren för att inte sitta där och vift med den i all sin prakt. Anna som såg hur Stefan reagerade sade med en lekfull min att hon inte skulle missförstås med att det ända man gjorde här var att knulla, men att tro att man inte hade sex på en naturistcamping var fel. Ibland har någon sex med åskådare, ibland med flera inbjudna, ibland behöver man bara lätta på trycket och då smyger man in i vagnen några minuter så är det lugnt ett tag sa hon och blinkade till Linn som också sätt Stefans reaktion. Visst är det så svarade hon, antingen låter man bli att bry sig eller också ser man till att man har glädje av nakenheten och värmen. Anna fortsatte berätta att Gry varit kvar i badtunnan med något Tyskt par och att Jens inte kommit tillbaks när de gått hem. Jag tycker ni skal prata med det paret och med Roger och Lena om de vet vad som hänt sa hon med en min som sa att hon trodde sig hittat lösningen. Vi lägger det på minnet tills i morgon när vi skal forsetta lyssna runt men nu tycker jag vi äter lite innan det blir för sent och att vi sen i kväll faktiskt avlägger bastun ett besök sa Linn. Det skal vara fest uppe vid restauranten i kväll med underhållning, dans samt karaoke, vi kan väl gå dit en sväng först och ser om det är nå fart tyckte Johan och de andra höll med om att det var en bra ide. Nu äter vi sa Anna och Johan gick för att hämta grillmaten. Stefan reste sig också för att hämta maten och Anna såg åter igen att det hängde en lång, blank droppe från hans kuk men lät bli också denna gången att kommentera det. Anna och Linn hjälptes åt att duka, ta fram sallad samt hälla upp vin medan killarna var djupt koncentrerade kring grillen. Precis när de satt sig för at börja äta kom Peter och Ida gående förbi.

Värst vad det luktar gott här då sa Peter. Vi skal inte störa nu, men om ni vill kan ni komma upp till oss på ett glas efter maten föreslog han. Både Anna och Linn svarade att det ville de gärna och Peter och Johan nickade instämmande. Kul, sa Peter. Ses om en stund då, så gick de vidare. Alla tycker att de verkar vara lite för mera sa Anna, men jag tycker de värkar vara både roliga och trevliga jag. Ja alla har vi väl våra sätt att vara på och det är alltid några som uppfattar oss lite fel i början sa Linn. De åt färdigt, tog en "efterrätt" i form av en var sin öl och jäger innan de skulle duscha och klä på sig. Klockan drog i väg och Anna föreslog att de bara kunde ta med sig lite tvål och gå ner till vattnet och ta ett dopp i stället för duschen. De andra höll med om att det skulle vara skönt med ett svalkande dopp samt att det nog skulle gå lite fortare. På väg upp efter badet passerade de uthyrningsstugorna där Göran bodde. Han satt på den lilla altanen med en öl när de kom. Linn hejade, presenterade sig och sa att de gärna ville prata lite med honom, men att det kunde vänta tills dagen efter. Det går bra det sa Göran samtidigt som han nickade ett hej till Johan och Anna. Vi skal gå och ta ett glas hos några bekanta innan vi går till dansen sa Anna så vi kanske ses där sa hon. Ja, jag skal nog också dit en sväng senare sa han, men jag är bjuden upp till Gry och hennes väninna på ett glas om en stund. Då ses vi säkert senare sa Anna och de fortsatte upp mot vagnen. Anna struntade i både trosor och bh när hon klädde sig i ett par vita tights och ett linne som framhävde brösten på ett mycket trevligt sätt och gjorde att de såg ännu större ut än vad de gjorde när hon var naken. Johan körde likadant och drog på sig sina byxor utan att bry sig om några kalsonger under. Stefan kom i jeans och tröja medan Linn satt på sig en halvlång sommarklänning. De tog med sig det som var kvar i vin tetran och gick mot platsen där Peter och Ida installerat sin vagn. När de kom dit satt det förutom Peter och Ida, två andra par där. Alla presenterade sig med förnamn innan de satte sig. De andra två paren var campinggrannar som kommit till campingen under dagen och som var vid just den här campingen för första gången. Stämningen var hög och samtalen handlade som tur var tänkte Johan, om allt annat än händelsen från i går. Peter bjöd alla på en varsin gin och tonic som den ena grannkillen svepte i en klunk. Han var redan rätt rund under fötterna, så hans fru tyckte det räckte för i dag och tog med honom till deras vagn så han kunde vila en stund. Samtidigt som de gick kom Ole och Ewa gående. Ewa tackade för sälskapet dagen innan och kommenterade samtidigt att det nästan bara var folk hon kände igen. Ole tyckte det var extra trevligt att Linn och Stefan faktiskt var kvar på sin lediga tid. Om ni vill är det bara att hämta någon stol och göra oss sällskap sa Peter och Ole tackade genast ja och gick för att hämta stolarna vid deras vagn. När han kom tillbaka gjorde Anna och Linn plats åt honom mellan sig och Ewa satte sig lite på gaveln av bordet bredvid Peter. Ole hade med sig en hela whisky som han ville bjuda på. Tjejerna ville hellre ha en Irish Coffee så Ida gick in för att blanda ihop 5 stk. Nästan direkt Ole satt sig kommenterade han att Anna tydligen var bh lös och nickade mot hennes byst där vårtorna av tecknade sig tydligt mot det tunna linnet. Ja, varför skal man packa in dem i en trång bh för bara för att det blir kväll och vi sätter på oss kläder sa hon och greppade själv båda brösten med händerna. Det är både praktiskt och bekvämt att slippa bh och jag är dessutom utan trosor sa hon. Ida som precis kommit ut från vagnen hakade på direkt och ifrågasatte sig själv för att ha bh, men lyfte på klänningen och visade att även hon gick utan trosor. Jag tycker vi alla kör utan underkläder i kväll sa hon och knäppte upp sin bh och la den på bordet och deras granne gjorde likadant. Jag har inga kallsonger att ta av sa Johan när Ole reste sig och tog av sina. Efter några minuter låg det en hel rad med trosor kallsonger och bh`s på bordet och genererade i många skratt och kommentarer och det hela slutade med att några av tjejerna satte på sig kallsonger och ett par av killarna satte på sig bh till mycket skratt. När hela gänget en stund senare druckit ur sina drinkar och gick mot dansen var alla utan underkläder och det som under dagarna var helt naturligt för alla blev nu på något sätt lite fräckt och sexigt. Stefan som nu var lite onykter började känna sig lite mera bekväm och tänkte att han började vänja sig vid all nakenhet då han inte ens fick början till stånd när han tagit av sig sina kalsonger och inte hellre när tjejerna tagit av sig sina trosor. Han gick nu med starkt självförtroende och på ett gott humör med de andra för en trevlig kväll med dans och skratt och började faktiskt se fram emot bastun senare på kvällen också.

7

När Göran kom till Grys husbil satt redan Gunn
och hennes kar Leif där. De hade båda klätt upp sig
inför kvällen liksom både Gry och Hanna som båda
pyntat sig med blommor i håret och i lätta som-
marklänningar. Vad kul att du kunde komma sa
Hanna och lyfte fram en stol till Göran vid bordet.
Gunn som direkt hon kommit hem efter badet berät-
tat för Leif om mötet med Göran på stranden presen-
terade dem för varandra och sa med spänd förvän-
tan: Du måste berätta för Gry det du hörde Ole säga i
går kväll sa hon. Låt honom åtminstone få sätta sig
först tyckte Hanna och frågade samtidigt om han ville
ha en öl eller ett glas vin vilket han tackade ja till, en
öl vore gott sa han. Gry, som blivit lite nervös när
Hanna kommit upp efter badet och sagt att killen de
träffat haft information om gårdagskvällen undrade
mest om han viste om hennes bastulek under kvällen.
Hon blev lättad när han sa att han inte viste så myck-
et mera än vad Ole berättat när han kommit till Peter
och Ida efter sitt besök hos Lena och Roger. Det var
tydligen lite action där i går kväll sa han och tände en
cigarett. Som du vet blev jag hembjuden till Peter och
Ida efter att vi bastat färdigt i går kväll sa han vänd
mot Gry. Även Norskan Ewa tackade ja då hennes
man gått med Roger och Jens med Lena efter det lilla
tjafset som varit. När sedan Ole kom dit och berät-
tade vad han varit med om tänkte jag om det kunde

ha något med olyckan att göra. Vad var det som hänt då? Frågade Gry lite otåligt. Jo det var så att de tydligen blivit till att de haft lite lekar för sig i vagnen hos Lena sa han lite besvärad. Lena var ju lite på lyset i går kväll och när de kom upp till deras vagn började hon sexa sig för killarna och tydligen sugit av alla 3. Det jag reagerade på var när Ole sa att Jens tydligen börjat runka av Roger och han blivit sur för det som jag tänkte att det var av betydelse sa han. Å sa Gry och började i tankarna undra om det varit orsaken till att Jens så ofta försvunnit när de varit på olika stränder och campingar under åren och att det var därför de haft ett så taskigt sexliv de senaste åren. Var han attraherad av killar tänkte hon, men sa inget till de andra. Vad tror du Leif, som känner Roger så bra frågade Gunn. Ja inte tror jag att Roger varit inblandad i något sådant sa Leif. Då skulle jag märkt något nu på morgonen när vi var ute och fiskade sa han. Lena sov när vi åkte så henne har jag inte pratat med idag, men hon brukar vara efter killar när hon druckit och Roger värkar inte ha något problem med det sa han och undvek att titta på sin fru. Gunn som misstänkt under en längre tid att han blev erbjuden mera än bara kaffe hos Roger och Lena lät bli att konfrontera honom nu, men tänkte fråga vid ett senare tillfälle. Hanna, som bara suttit och lyssnat sa: Coolt, tänk vad mycket roligt man kan ha med tre killar med en liten blinkning åt Göran. Gry på sin sida var mest intresserad i om Göran berättat för poliserna om detta, och Göran sa att han avtalat träff med dem dagen efter och att han tänkt berätta om detta då. Gry som var lättad över att Göran tydligen inte visste något om hennes bastukväll var glad att Göran berättat för henne om detta och hon hoppades det kunde leda till att hon kunde få reda på vad som hänt Stefan under kvällen sa: Inte skal vi bara sitta och älta detta hela kvällen, nu tycker jag vi går en sväng upp till dansen och ser om det är lite folk där. Ja det tycker jag vi gör sa Hanna, om jag får första dansen sa hon vänd mot Göran som nickade med ett skratt tillbaka att vist kunde hon få det. När de kom till restauranten var det redan rätt mycket folk där och många tittade lite förvånad mot dem och tänkte nog att det var konstigt att Gry valde att gå dit så tätt inpå det som hänt Jens. Det var några stycken som kom fram och gav Gry en kram och beklagade det som hänt, medan andra verkade ovetandes om kopplingen mellan Gry och händelsen. Göran kikade runt i lokalen och fick se att de två poliserna satt med paret han trodde sig träffat på klubben i Oslo, Peter och Ida samt några stycken till och alla verkade vara på ett mycket bra festhumör. Helt framme vid dansgolvet satt Roger och Lena själva vid ett bord så Leif tyckte att de kunde sätta sig vid dem. De frågade om det var ledigt vilket det var så alla slog sig ner kring bordet. Lena var liksom kvällen innan redan bra i gasen och tittade på alla som satte sig med en slö blick och hejade på dem. Mot Leif gjorde hon en gest med tungan ut i kinden som Gunn tolkade som oralsex och hon tänkte att nej du, inte i kväll inte. Hanna påminde Göran om hans löfte och tog hans hand och ledde han upp på dansgolvet där redan flera andra redan tagit plats.

Vid bordet hos Johan och Anna hade samtalsämnet åter kommit in på temat swingers och sex och Ole frågade om alla viste vad "röda bandet" stod för, vilket ingen viste. Ole berättade att om man knöt ett rött band, till exempel på solstolen, eller väskan var man mottaglig för att andra tittade på när de hade sex, eller att andra var välkomna att delta i deras lekar. Om man går en sväng på stranden på dagarna kan man se ett och annat band, samt ofta ett antal singlar som ligger och smygrunkar när de kollar på brudarna sa han. Ida skakade på huvudet och fnös till när hon tyckte det var bedrövligt att det var så. Det skal för fan inte vara sexfokus på sådana här ställen tycker jag sa hon. Anna som var i sitt esse, kontrade med att självklart har folk sex på naturiststränder, det vore konstigt annars tyckte hon. Och att folk ibland har sex öppet är ju hellre inget konstigt när man tänker på att säkert hälften av alla är swingers. Själv har jag mera sexapetit på sommaren när vi är ute och campar och det är varmt och skönt mot mörka vinterkvällar hemma. Och om det finns killar som tycker det är värd att runka till en tjej i min ålder så fine, låt dem runka, men det är inte ok om det finns mindre åriga där, då blir jag arg och äcklad sa hon Vem skulle inte vilja runka till en sådan skön kvinna du flikade Ole in och visade tydliga täcken på attraktion när han reste sig för att gå på toa. Johan bromsade henne lite då också han märkt Oles växande intresse för Anna, Var det hennes fräcka prat som gjorde det? Undrade han. Anna vände sig i stället till Linn och frågade om de inte skulle välja ut en karaokelåt som de kunde sjunga och fick direkt ett JA från alla andra kring bordet vilket gjorde att Linn kände att hon inte hade något val och sa ja till det. Valet föll på Gyllne tiders *sommarnatt*, när vi svävar fram i mörkret ahaa, och många av besökarna sjöng med. Stefan som suttit tyst sedan de kom dit såg att Gry satt lite för sig själv och deltog inte i de andras samtal och verkade heller inte sjunga med i Anna och Linns karaoke sång så han reste sig och gick dit och bjöd upp henne och hon tackade genast ja. Det visade sig att hon var riktigt duktig på att dansa swing vilket han själv efter ett antal kurser tyckte var hur roligt som helst. Linn och Anna verkade ha hittat varandra och satt och pratade om familjen, jobb, vänner och Linn berättade för en lite förvånad Anna att hon och hennes man faktiskt brukade åka till naturiststränder tillsammans. Det förklarar ju din jämna solbränna, ditt avslappnade förhållningssätt till din kollega och det faktum att du värkar trivas här sa hon. Ja, svarade hon, det är första gången jag är på en naturistcamping, men redan nu tycker jag så mycket om stället att hit kommer jag att återvände med familjen senare i sommar. Va kul, sa Anna. Vi åker hit de helger det är fint väder samt att vi brukar vara här en hel vecka på semestern. Då kommer vi troligtvis att ses någon mer gång i sommar då svarade Linn. Fast nu börjar det väl bli dags att gå till bastun om vi skal hinna basta något innan den stänger, klockan är kvart i elva nu. De kollade med de andra om de skulle runda av och gå och byta om, vilket alla ville förutom Leif och Gunn som skulle hem till Roger och Lena samt Stefan som valde att avböja och i stället bli kvar och dansa. Gör du så sa Linn, du värkar hittat någon med samma dansintresse som du själv har sa hon och kastade ett öga mot Gry. När de kom ut hade det börjat regna lite smått vilket gjorde att det skulle bli extra skönt att sätta sig i en varm bastu. Var och en gick hem till sig själva för att klä av sig och ta med sig några öl till bastun, och Anna packade även med sig sin skrubbhandske för att skrubba kroppen efter bastubadet. På väg ner mot bastun fick de sällskap av Peter och Ida, Ida sa direkt att hon tyckte det var skönt att inte den subban Lena värka vilja gå till bastun i kväll. Anna tyckte hon var lite löjlig som reagerade så på det som hänt. Hon var ju inte nykter i går kväll och det var väl inte hela världen att hon pillat lite på Peter tyckte hon. Nä, fast det är inte bara det, utan hela hennes sätt att vara på och hennes ständiga jakt på villiga karlar. Sant, men nu skiter vi i det och har trevligt, så får vi se vem som är där i kväll. Linn satt vid bänkarna utanför bastun när de kom ner och pratade med Göran och någon blond tjej som presenterade sig som Grys väninna Hanna. Är det fullt där inne eller? Frågade Johan. Det vet jag inte sa Linn, jag tänkte vänta in er andra bara när Göran och Hanna kom sa hon. Det visade sig att det var många som valt bort bastubad i kväll så det var gott om plats så alla kunde sätta sig där de tyckte det var mest behaglig temperatur. Det dröjde inte många minuter före även Ole med fru, Peter och Idas granne och något par de inte kände igen in, och tjejen i det paret slängde direkt på mera vatten på pannan så hettan blev nästan obehaglig. Både Ole, Anna, Johan. Linn och Göran tyckte det blev för hett så de valde att gå ut en liten sväng och ta ett bloss och en öl. De hann knappt sätta sig innan Ole kom med nya inviter till Anna om att det var vanligt att det blev lite action mot slutet på kvällen här i bastun och att det skulle vara trevlig om hon och Johan ville stanna kvar då. Anna som först nu förstod hans intensioner, svarade med en bestämd ton att det inte var aktuellt för dem. Vänd mot Linn viskade hon, vore det han som frågade så kanske det skulle vara aktuellt, och flyttade blicken mot Görans imponerande Kuk som även nu i slappt tillstånd var enorm. Linn tittade lite diskret ner mot Görans skrev och himlade lite med ögonen till svar. Göran som denna gången inte fått med sig att tjejerna kollade hans kuk frågade rent allmänt om vad de trodde hade hänt kvällen innan med Jens. Om jag skulle våga mig på en gissning skulle det vara att Roger och Jens rök ihop efter Jens närmande på Roger och att Jens flytt till bastun där han blev inlåst sa Ole. Ja, eller att frun fått reda på vad som hänt när han kom tillbaka och blivit så förbannad att hon låste in honom spekulerade Johan. Eller så är det så att det inte är konstigare än att han somnat i bastun och att den som stängde bastun i går kväll inte sätt honom och av misstag stängt honom inne där sa Linn i ett försök att inte låta spekulationerna dra i väg. Jag lämnar det till er att utreda jag sa Anna, och räknar med att vi får reda på vad som hänt när ni vet säkert. Det tycker jag också låter vettigt sa Göran och funderade samtidigt på om tillfället var rätt att säga att han troligvis träffat Johan och Anna i Oslo något år tidigare. Han var till trots för sitt sällskap för kvällen fortfarande attraherad av denna sexiga kvinna, men bestämde sig för att vänta. Johan och Anna reste sig för att basta lite till så Anna kunde skrubba sig och Linn hakade på. Temperaturen var något mer behaglig men de satte sig ändå på den nedersta bänkraden där Hanna satt. De andra i bastun hade när de förstod att Hanna och Gry var väninnor, börjat fråga om Jens, hur Gry tog det, om poliserna viste något och om vilka flera som varit i bastun med dem. Linn som inte ville diskutera kring fallet höll en låg profil och var glad för att vara naken och anonym. Anna som såg hur obekväm Linn var p.g.a samtalsämnet frågade om de inte kunde gå ut och skrubba varandra lite   vilket Linn direkt ville och även Johan gick med ut. När de stod å skrubbade varandra kom Göran in och för han såg det ut som om de stod och smekte varandra med

Johan som åskådare. Han blev stående kvar en stund och Johan såg hur hans redan stora kuk blev ännu större nu när han fick halvstånd. Även tjejerna så reaktionen så Anna passade på att smeka Linns bröst för att retas lite extra innan hon fortsatte å skrubba färdigt och de gick sedan ut för att ta ytterligare varsin öl och cigarett. Även Göran vände och gick ut. Johan kände att han började bli lite för onykter och att även Anna fått nog för i kväll så han tyckte de skulle runda av och gå hem. De satte på sig sina badrockar, sa god natt till de andra och gick runt bastun. När de kom runt hörnet stod Göran där och slog en drill och både Johan och Anna kunde tydligt se hans halvstyva lem. När de gått några meter förbi honom frågade Johan om de inte skulle passa på att bjuda med honom på en öl vid vagnen. Och vad skulle det leda till då undrade Anna. Ja, det är ju tydligt att han är lite sugen på dig och det verkade nästan som om han stod och väntade på oss när vi gick så troligen skulle det leda till en liten trekant svarade han. Anna vägde lite fram och tillbaka men sa till slut nej, det får bli någon annan dag när jag inte är lika trött och onykter sa hon så de fortsatte arm i arm mot sin husvagn och Göran fick där och då sitt nya namn: "Snabeln".

Göran, som när han hörde at paret med den sexiga kvinnan skulle gå hem, och att han fått en känsla av att hon var intresserad av honom, gick runt hörnet för att kissa. Han stannade kvar på sidan om bastun tills de kom gående och passade på at hon fick fri sikt till hans stolthet som han viste skapade intresse hos de flesta tjejer. Han hörde även hur killen frågade om de skulle bjuda med honom och han fick förhoppningar om en repris på Oslobesöket, med det han trodde var med dem. Han gick med, några meter bakom, längs stigen när han hörde henne svara att hon inte ville i kväll, men öppnade ändå för att det kunde bli av vid ett annat tillfälle. Göran vände om och tänkte att han ändå skulle lägga in en stöt på Hanna som under hela kvällen tydligt visat att hon var klar för en fortsättning på kvällen. Han var inte lika attraherad av tjejer som det var så tydligt på att de fyllt på med silikon, men efter en hel dag i värmen behövde han tömma lite. När han kom till framsida av bastun satt nu både den kvinnliga polisen, Peter och Ida, Hanna och Ole och Ewa ute. Han reagerade på att Ida så tydligt visade intresse för polisen och såg besvikelsen i hennes ansikte när även hon tackade för kvällen och gick. Ewa flyttade sig lite in på bänken och gjorde plats åt honom mellan sig och Hanna så han slog sig ner. Ole var mitt i en historia om swingers och om hur han och Ewa flera gånger knutit kontakter i bastun när han kände en hand som greppade runt sin kuk under bordet och skakade den lätt. Han vände sig mot Hanna för att bekräfta att han var på, men fick då se att hon satt med båda armbågarna på bordet och vilade hakan i händerna. Han förstod då att det i stället var Ewa, som han inte tyckte var ett dugg attraktiv, som nu satt med hans kuk i handen, och lyfte sakta men bestämd bort handen. Peter gick in för att fråga om deras grannar skulle vara kvar, eller om de skulle gå med och bada för att sedan basta de sista minuterna innan den stängdes. De valde att tacka nej och gick i stället ut för att ta en öl med de andra Nu var de bara sex stycken kvar och när Ole satte in en offensiv mot Peter och Idas grannar och verkade få napp valde även Göran och Hanna att ta kvällen. Hanna som under kvällen märkt av Görans lite svala intresse, och det faktum att hon faktiskt inte gillade när killarna var för "stora", frågade om de inte kunde ta en öl vid Grys husbil istället för vid hans stuga. Göran som nu var inställd på lite action blev först lite snopen och besviken, men tänkte att det kunde bli trevligt, så han följde med mot Grys Husbil. Ole och Ewa gick också iväg med sina nyfunna vänner för en kväll med nya aktiviteter. När Göran och Hanna kom till husbilen satt Gry och Stefan utanför och pratade om gårdagskvällen och om hur Gry mådde i den situationen hon nu befann sig i. Stefan hade under kvällen mer och mer känt att det var mera hans roll som polis snarare än person som hon sökte tröst och råd i och blev lite lättad att det nu kom lite flera dit. Samtalet styrdes snabbt över på annat och det blev automatiskt så att Stefan började prata med Hanna och Göran med Gry. För Görans del passade det perfekt då han såg nya möjligheter för kvällen, och även för Stefans del kändes det bra då han tyckte det fick räcka med negativa vibbar efter att Gry under kvällen lättat sitt hjärta kring sin och Jens relation. Peter och Ida hade badat färdigt och var på väg in i bastun, men upptäckte att ingen var kvar och dörren låst med deras badrocker kvar. De blev lite uppgivna och skyndade hemåt då det blivit lite kyligt nu när klockan passerat 24.00. När de passerade husvagnar och bilar såg de att det var lite småfester i flera av vagnarna, de hejade på de 4 som satt vid Grys husbil, men tackade nej till att ansluta och önskade dem en fortsatt trevlig kväll. Alla fyra var nu märkbart berusade och blev av den anledning mera frispråkiga och oblyga så när Gry frågade om de andra tyckte det var fel att hon, trots att det bara var ett dygn efter Jens bortgång, kände sig lite småkåt. Stefans blyghet var som bortblåst när han erkände att han bara haft kortare stunder under dagen han inte haft stånd och att det verkade som att hans kollega Linn och Anna när de sett detta med flit visat lite mera av sina behag. Göran skrattade och sa att han trodde att det troligtvis var så, men att Stefan inte borde se detta som något negativt utan njuta av kåtheten. Jag själv går nästan hela dagarna med halvstånd och några tycker faktiskt det är upphetsande själva att se sa han. Vad tycker ni då tjejer? Är det en snygg kuk på en snygg kille är det väl helt ok sa Gry och Hanna nickade instämmande samtidigt som hon vänd mot Stefan la till: och vad jag kunnat se är din rätt fin. Jag de allra flesta någon gång under dagen blir lite småkåta och att det mera handlar om vad man gör åt det sa Göran. Du som är singel då, vad gör du? Frågade Gry nyfiket. Tja, tidigare i dag till exempel, satt jag vid stugan och runkade skönt till ett gammalt minne jag har sa han. Nu får du ju berätta vad det var och hur du gjorde sa Gry. Det började faktiskt med att jag tyckte jag kände igen ett par här på campingen och att vi varit på samma klubb i Oslo för några år sedan. Att jag både slickat och knullat tjejen medans både hennes man och några till tittat på. När de kom gående förbi stugan i dag blev hela minnet så tydligt att jag direkt satt där med stånd som jag tog hand om. Nu blir ju jag nyfiken på vilka det var du träffade på den där klubben och som även är här sa Hanna. Jag tror det är de som Stefan har sitt tält hos sa han. Johan och Anna? frågade Stefan och fick direkt bilder i huvudet på hur det sett ut på den där klubben, hur Göran med sin enorma kuk knullat Anna som han själv tyckte såg mycket bra ut och som han haft förmånen att umgås med under eftermiddagen. När han nu tänkte på hennes stora runda bröst, det rakade könet, och på hur hon vid flera tillfällen under dagen gett honom fri sikt in mellan sina ben undrade han hur det skulle vara att ligga med den sköna kvinnan. Han satt åter med fullt stånd och tänkte: den här gången skal jag göra något åt det jag med. Kommer de ihåg dig då? Frågade Gry. Jag har tänkt fråga när rätt tillfället ges utan att värka påflugen svarade han och kände hur upphetsad han blev av att prata om detta och frågade Gry om de inte skulle gå en sväng så han kunde visa henne stugan han bodde i. Gry tackade ja och de gick i väg, så nu fans det möjligheter för Stefan att gå ett steg längre med Hanna. Hanna kommenterade att hon tyckte det var kul att Gry faktiskt redan nu passade på att njuta av det positiva i livet, men jag hoppas han inte spränger fittan på henne med sin jättekuk sa hon med en road min. Stefan som så klart sätt hur välutrustad han var höll med och lade till att det nog inte var många som kunde mäta sig med honom. Det är tur det sa Hanna. Jag personligen gillar bäst de kukar som inte är för stora och som blir rejält hårda, man kan ha mycket skönare sex då. Då tror jag vi kan få en skön natt tillsammans sa Stefan, min har varit stenhård nästan hela tiden sedan jag kom hit och det blir inget bättra av att vi sitter och pratar som vi gör nu sa han. Det måste jag nästan få kolla själv sa hon och lutade sig mot Stefans stol och klämde lite lett utanpå byxorna. När hon sedan öppnade blixtlåset och kuken direkt tittade ut, fick Stefan berätta varför han gick utan kalsonger, och att alla de övriga som varit hos Peter och Ida innan dansen varit utan underkläder hela kvällen. Det låter ju hur skönt som helst att slippa trånga underkläder sa hon och reste sig för att även hon ta av sig sina trosor. Stefan fick se

att även hon var helkrakad mellan benen och be-
stämde sig där och då för att han själv skulle ansa lite
i duschen dagen därpå. När Hanna, efter att även
tagit av sig sin tröja satte sig och åter började smeka
hans kuk helt öppet för alla som eventuellt kom förbi,
kände han sig lite obekväm och frågade om de inte
skulle kunna låna Grys husbil och gå in.

8

Johan, som vaknat tidligt, satt ute och drack morgonkaffet när han fick se Gry komma ut från stugan "snabeln" hyrt under helgen och blev lite snopen. Dels hade hon hängt med Stefan hela kvällen och han med hennes storbystade väninna, dels för att han inte räknat med att hon redan kvällen efter Jens bortgång skulle vara sugen på något. Han följde henne med blicken ända tills hon öppnade dörren till husbilen och gick in. Det dröjde då inte många minuter innan dörren öppnades på ny och en yrvaken Stefan kom ut och gick mot servicehuset. Va fan, sa Johan högt för sig själv och blev än mera förvirrad över vem som varit med vem under kvällen. Då måste det vara Hanna han varit med i natt tänkte han och fick inte ihop detta utifrån det han sett under kvällen innan. Det här för jag reda i under frukosten sen tänkte han och gick in för att väcka Anna och även skvallra lite kring det han nu sett. När Anna hörde att Stefan inte sovit i tältet var hennes spontana kommentar att det var väl bra att han fått tömt när han under hela dagen innan haft problem med att dölja sitt stånd och funderade samtidigt på om det var hennes förtjänst att han varit så kåt hela dagen. Vi får väl höra vad och om han säger något och om varför han tydligen sovit i Grys husbil medan hon varit med "snabeln" sa hon och klev upp för att ta en kopp kaffe ute med Johan. De kunde nu sitta med kaffet och roa sig med att titta på alla som nu började vakna och gå till andra vagnar för att hämta hem väskor, flaskor och stolar de lämnat kvar kvällen innan. Det var alltid roligt att se vilka som varit på besök hos vem och spekulera i varför. God morgon hörde de en pigg röste säga bakom sig och det var en redan naken Linn som kom. Johan erbjöd henne en kopp kaffe som hon tackade ja till och hade precis satt sig när Stefan kom gående. Sovit gott i natt? frågade en ovetande Linn. Både Johan och Anna tittade nyfiket på Stefans reaktion, men han svarade obekymrad att han inte sovit i tältet utan varit kvar i Grys husbil med Hanna. Vad sa Gry om det då? Frågade Linn som sett hur han och Gry under kvällen umgåtts rätt flitigt. Det var inga problem, hon följde nämligen med Göran till hans stuga i natt sa Stefan. Nu får du ju berätta hur det gick till du som verkade så intresserad av Gry i går sa Anna. Stefan skrattade och sa: ja vist kan jag det, skal bara gå och ta av mig lite nu när solen börjar värma och så måste jag med få tigga en kopp kaffe innan det är dags för oss att jobba lite sa han vänd till Linn. Det värkar som vi fått besök av en helt ny Stefan efter den här midsommaraftonen sa Linn, och de andra två nickade instämmande. När han kom tillbaka hade Anna redan dukat fram lite frukost så de satte sig vid bordet för att äta medan Stefan fick berätta om natten. Som ni vet blev ju jag kvar med Gry uppe i restauranten när ni gick för att basta, men att han känt sig mera och som en kurator när hon lättat hela sitt hjärta och beskrivit hur hennes relation med Jens sett ut. Om hans ständiga jakt på annat när de rest och campat, hur hon försökt piffa till sig för hans skull, hur hon börjat ta för sig av sexuella kontakter i hopp om att de kunde göra det tillsammans och slutligen hur hon då den kvällen Jens dog beslutit sig för att vara med ett annat par i bastun efter att Jens gått i väg med Lena. Så här har vi lite att följa upp under dagen sa han och var åter tillbaka i jobbtankar. När vi senare satt vid hennes husbil kom Göran och Hanna upp från bastun och gjorde oss sällskap och Gry visade nästan genast ett annat intresse för honom. Efter som vi alla var lite onyktra kom vi snabbt in på prat om sex, relationer och killars problem med stånd i värmen och om hur tjejerna reagerade på det. Både Gry och Hanna tyckte det var bara mysigt om killen var lite diskret, samt hade en fin kuk och undrade hur vi gjorde när det blev så. Göran berättade då att han brukade gå iväg för att lätta på trycket ibland, vilket han gjort senast under dagen efter att vi varit vid hans stuga. Han har tydligen träffat er för några år sedan och att han fortfarande kunde bli tänd av tanken nu när ni är här på samma camping sa han vänd mot Johan och Anna. De tittade lite förvånade på varandra och undrade när det varit och var, men Stefan sa han inte viste och att Göran själv fick berätta det. Anna försökte komma på om och när de träffat honom förut, men kunde bara se för sig hur han stått med sin rediga "snabel" framme när de gått hem från bastun. Han har ju lite att erbjuda, så det skulle säkert inte vara så dumt, eller hur Linn sa hon och tänkte på deras kommentarer i bastun kvällen innan, och båda skrattade. Johan sa att han kände sig nästan lite förolämpade, då Görans kuk faktiskt var större slapp än hans vid fullt stånd och viste att Stefan var i samma båt. Ja, vi får kolla upp vad han menade lite senare sa Anna, men nu får du fortsätta berätta. Jo, och när Gry frågade oss andra om vi tyckte det var fel att hon kunde känna sig lite kåt så nära inpå Jens död, var Göran snabb med att tycka att det var en bra grej och bjöd med sig henne till stugan. När de gått berättade Hanna att hon tyckt Göran varit trevlig, men att hon inte gillade när killarna var för "stora", och sa samtidigt som hon klämde mig mellan benen att det var sådana som min hon gillade. Då blev det som det blev och jag vart kvar där i natt sa han. Det värkar ha hänt en hel del här på camping i går kväll då sa Johan. Det värkar nästan som vi var de enda som valde gå direkt hem efter bastun i går la han till med en trumpen min mot Anna. Åh ja, det går ingen nöd på dig sa hon. Det var tydligt att han var lite bakfyllekåt och att hans fantasi satte extra fart så här på morgonen. Linn som ätit färdigt tackade för frukosten och tyckte det var dags att börja jobba lite. Det är väl lämpligt att börja med Göran då, sa hon. Ja, han är den enda på listan som vi inte pratat med än, sen kan vi göra en liten lägeskoll efter det svarade Stefan. Linn och Stefan gick och satte på sig en varsin handduk för att inte vara helnakna nu när det var dags för lite jobb och försvann mot Görans stuga. Göran öppnade dörren direkt när de knackade tackade Stefan för gårdagskvällen och sa sedan att han vetat om att de skulle komma till honom i dag. Jag har nybryggt kaffe, vill ni ha? Båda tackade ja och alla slog sig ner på den lilla altanen. Nog har han ett lem över snittet tänkte Linn när hennes ögon ibland gled ner mot hans midja och kände samtidigt att hon började längta efter Mats. Några dagar till så var det semester. Jag vet inte om jag har så mycket mera att berätta som ni inte redan hört från midsommar, men jag kan väl dra min historia så får ni bedöma det se han. Göran börjad med hur han vid flera tillfällen sett hur Grys man dragit i väg på egenhand under tidigare besök och att han då på kvällen nere vid bastun gått i väg tillsammans med norrmannen och Roger och Lena. Då var vi fortfarande några stycken kvar i badtunnan, men både norrmannens fru och jag följde med paret från Fagersta upp på en öl vid deras vagn. När vi gick var fortfarande Gry kvar samt ett Tyskt par. De skulle basta en liten stund till sa hon, men jag tror hon ville vänta och se om Jens kom tillbaka. Senare när vi satt hos Fagerstaparet, så kom Norrmannen som gåt med Jens dit eftersom hans fru var där. Han berättade då hur de alla 3 haft sex med Lena i vagnen, och när han och Lena höll på, sett Jens sitta och runka Peter och hur Peter reagerat. Både Linn och Stefan antecknade att de borde ta ytligare en prat med Norrmannen samt med Peter och Lena. Jättetråkigt det som har hänt tycker jag, men samtidigt värkar det som Gry på något sätt ser ut att må rätt bra ändå sa han. Ja, jag håller med sa Stefan. Hur var hon efter att ni gick i går då? Pratade hon något om hur de haft de i sin relation. Nej, svarade Göran. Det är lite det jag menade, hon var bara kåt. Linn som såg hur Göran växte ytligare nu när han pratade om natten hade ingen lust att sitt kvar och valde att tacka för informationen. Vi går till tältet en sväng innan vi går till Lena och dom, jag vill kolla min data om det kommit något från rättsmedicin sa hon. När Lena satte sig i bilen för att slå på sin data, gick Stefan för att prata lite med Johan och Anna. När han kom runt vagnen satt ingen av dem ute så han gick för att kolla i vagnen. Han tittade då rakt in mellan Annas öppna lår. Hon satt i hörnet på sittgruppen med benen brett isär och lekte med en vibrator på klitoris samtidigt som hon hade Johans styva kuk i munnen. Stefan såg tydligt den rosa öppningen nu när hennes blygläppar var öppna, samt hur det glänste av hennes safter. Han blev lite ställd först och fastnade med blicken någon sekund innan han försiktigt drog sig bakåt. Reaktionen lät inte vänta på sig, hans handduk som han satt på sig kring midjan reste sig likt ett tält så han valde att sätta sig ner vid bordet istället för att återvända med sitt stenhårda stånd till Linn. Några minuter senare kom både Johan och Anna ut, hon lätt rödmosig och glada, han med en kuk som fortfarande var lite halvstyv efter sexet. Är ni redan tillbaks och undrade hur länge han suttit där. Stefan, som hade svårt för att ljuga sa som det var att han suttit där en 5-10 minuter så Anna förstod att han sett, eller åtminstonen hört vad de sysslat med när hon såg att Stefans handduk var formad som en pyramid. Kul att en äldre kvinna som jag fortfarande kan väcka sådana reaktioner sa hon och skrattade avväpnande. Stefan skrattade också lite förläget och slogs av att hon även nu såg så otroligt vacker och sexig ut. Hans tankar avbröts när Linn kom gående och sa att det kommit en preliminär rapport från rättsmedicin samt ett mail fån deras chef. När de gått lite avsides kunde Linn berätta att det i rapporten antyddes att Jens dött av hjärtinfarkt, troligtvis p.g.a kombinationen mellan de väldigt förhöjda värdena av sildenafil, som är det värksamma ämnet i viagra och värmen. Av rapporten framgick det även att han troligen fått brännskadan han haft på rygg/rumpa samt en lätt blånad på kinden innan han dog. Det häpnadsväckande i rapporten var däremot att han hade rester av sperma på ena handen samt på läpparna som inte hade hans dna. Vi får helt enkelt ta ett varv till och ta prov på alla vi pratat med sa Linn. Chefen spekulerade i sitt mail om detta var mord eller olyckliga omständigheter, men ville ändå att de fortsatte utreda varför och av vem stören var ditsatt och med vem han tillbringat sina sista timmar med. Jag tror vi skal börja hos Roger och Lena med tanke på det Jens haft på sina läppar sa Linn. Klockan var över 11.00 när de knackade på, men de verkade fortfarande sova. Precis när de skulle till och gå öppnade en yrvaken Lena dörren och undrade vad dom ville. Vi måste ställa lite kompletterande frågor om midsommaraftonen samt ta lite salivprover från er sa Stefan. Ge mig 5 minuter bara sa Lena, måste väcka Roger och sätta på lite kaffe sa hon, De slog sig ner i deras sittgrupp och Linn frågade tyst Stefan om han också känt den tunga spritlukten när hon öppnade dörren. Det måste ha varit en sen natt med mycket dricka med tanke på hur mycket det luktat och att Lena såg rätt sliten ut. Efter någon minut kom Lena ut med kaffekoppar och en termos. Hon hann lagom sätta sig när även Roger kom ut följd av deras granne, som bara hejade och sa att han var tvungen gå hemåt. Ja, det blev lite sent i går, så han stannade lika bra kvar sa Lena med en belåten min. Har det hänt något mera eller vad? Frågade Roger. Nja, lite nytt har framkommit, men vi behöver få lite mera detaljer från midsommarkvällen sa Linn. Ni berättade sist att norrmannen och Jens följde med är till vagnen och att ni där hade sex med båda och det är några frågetäcken vi behöver reda ut. Kan ni berätta lite mera om vad som hände? Ja, när vi gick upp från bastun märkte jag hur killarnas händer hela tiden nuddade vid mina bröst och jag blev faktiskt lite sugen redan då sa Lena. När jag druckit lite tycker vi det ger oss en kick att flörta lite med killarna och ibland leder det till något mera. Det var så det började nere vid bastun, jag råkade skoja lite med "fel" kille och hans tjej blev förbannad så vi gick hem. När vi satte oss här i förtältet skulle jag bara visa på norrmannen hur jag gjort och han blev genast hård och då var det i gång liksom. Vad var i gång och hur? Frågade Linn som redan viste svaret, men behövde höra fån dem. För första gången såg Lena Lite besvärad ut, men fortsatte berätta hur hon satt sig på knä hos norrmannen och gav honom oralsex. Roger flikade in att även han och Jens blev tända och satt med stånd. Jens greppade då min kuk och runkade sa han. Jag blev både förvånad och lite förbannad, men när han nästan direkt reste sig och släppte sin sats på Lenas rumpa lät jag det vara sa han. Tänkte nog bara att han måste vara bög eller något. Och när jag kände värmen från hans sperma flyttade vi på oss och jag drog en handtralla på både Roger och Norrmannen. Var du vid något tillfälle på Jens efteråt med dina händer eller gav honom någon kyss frågade Linn. Nej inte vad jag vet, jag gick rätt snart efter detta för att duscha av mig sa hon. Det stämmer bekräftade Roger, norrmannen fick ett sms och gick i väg och Jens knallade ner mot bastun. Stefan tog fram tops och bad som avslutning om ett salivprov från båda. På väg därifrån konstaterade Linn att de båda verkade tycka det var helt ok med Lenas aptit på karlar och båda verkade njuta av det. Jag tror vi får lägga lite krut på vad Gry vet sa hon, och om de kan ha blivit osams när han kom tillbaka för det värkar inte som Roger och Lena har varit någon medvärkande orsak till det som hänt.

77

9

Gry och Hanna som redan under morgon fikat hunnit berätta för varandra om nattens aktiviteter satt nu och drack varsin martini med is. Hanna som inte kunde sluta tänka på varken det Gry berättat eller sina egna lekar natten innan började spekulera i hur det skulle kunna bli om det blev något mera med respektive kille. Hon hade fått bekräftat att hon gjort rätt val av kille, hennes hade faktiskt fått upp den två gånger under natten och var dessutom lika hård båda gångerna, medan Grys kille visserligen fyllt upp henne ordentligt men inte blivit riktigt hård. Vi måste kolla under dagen om killarna kan tänka sig komma hit på lite skoj sen sa hon. Gry som innan hon och Jens åkte i väg för att fira midsommar bestämt sig för att släppa på sina hämningar hade fått mersmak då hennes äventyr varit rätt lyckade. Hon hade däremot inga tankar på något annat än att ha det lite skoj då det skilde lite för mycket i ålder. Han sken upp och ropade ett högljudt "Hej" när hon såg Stefan och Linn komma gående. Hon gav Stefan en kram och tyckte det var kul att han kom. Han tackade för gårdagen, men var nu tydlig med att de nu var där i tjänsten och att han skulle komma senare på en artighetsvisit. Linn ursäktade sig överför Hanna och sa att de ville prata med Gry enskilt. Då plockar jag ihop lite grejor och går ned till badet och solar lite sa hon och reste sig. Linn väntade tills Hanna gick iväg och informerade

Gry om varför de var där. Hon startade med att säga att Jens dödsfall möjligen kunde hade naturliga orsaker, men att det fortfarande var några frågetäcken kring vissa omständigheter. Även fast vi gör bedömningen i dagsläget att det kanske inte handlar om mord måste vi försöka få klarhet i vad som hänt de sista timmarna han var i livet, hans skador och varför bastudörren varit blockerad med en stör. Vad vi har förstått var du kvar vid bastun när Jens kom tillbaka och att det var något Tyskt par där? Gry som kände en stor sten falla från axlarna när hon nu hörde att det inte var säkert att någon tagit livet av Jens släppte garden helt och började i detalj redogöra för allt som hänt på midsommarafton. Det började egentligen långt innan vi åkte hit med att jag planerade för att vi skulle få vårat förhållande att fungera lite bättre. Jag friserade mig både uppe och nere, köpt nya underkläder och klänning samt att jag bestämt mig för att vara mera delaktig i sexet som jag viste att han ägnade sig åt när vi var ute såhär och när han druckit några öl sa hon. Så när han på kvällen uppe på dansen frågade om vi skulle gå till bastun tillsammans blev jag både glad och lite pirrig, jag hade hört att det var där det kunde hätta till ibland. Det var rätt mycket folk där den kvällen och god stämning tills det var några som började tjafsa och Jens erbjöd sig att hjälpa till att få hon som startade det hem. När det sedan dröjde innan han kom tillbaka och de flesta andra lämnade bastun och jag och det Tyska paret blev kvar valde vi att basta lite till. Jag kan ingen Tyska, så något prat blev det inte, men när vi satt i bastun började de smeka varandra samtidigt som de viskade åt varandra på tyska. När han var riktigt hård erbjöd hon mig med en gest att känna på

honom. Jag vet inte vad som flög i mig, men jag hade
känt pirret hela dagen och Jens var borta och killen
såg dessutom riktigt bra ut så jag flyttade närmre. Det
var otroligt upphetsande och spännande att sitta där i
bastun och runka en helt främmande killes kuk som
jag dessutom inte kunde prata med. Vi tjejer ställde
oss på knä på var vår sida om honom och turades om
att ge honom oralsex samtidigt som han fingerpul-
lade oss båda. Jag frågade inte ens om lov när jag
gränslade honom och sakta sjönk när på den långa
otroligt hårda kuken. Hans fru hade inget emot det,
utan började direkt slicka hans pung medan jag red,
men flyttade upp så han kunde slicka i stället. Jag var
precis på väg att komma när plötsligt Jens öppnade
dörren och kom in. Jag blev skit snopen och trodde
han skulle bli förbannad över vad jag höll på med,
men så fick jag se att han stod med ett präktigt stånd
och frågade om han fick vara med. Det Tyska paret
tyckte det var helt ok och bjöd in även honom. Nu var
det Jens tur att gå ner på knä framför och börja slicka
mig medan jag hade tysken i mig. Jag hörde killen
börja andas alt häftigare och förstod att han var på
väg att komma så jag valde att kliva av. Snacka om
min förvåning när Jens då greppade hans kuk och tog
emot hans sats. Den tyska killen blev nog lika tagen
på sängen och reagerade med att knuffa till Jens så
han stötte till bastu elementet. De båda började en
häftig ordväxling som jag tyckte det var lite obehaglig
och ville att vi skulle gå. Jens bad mig om att gå i för-
väg så jag lämnade bastun och gick hem. Jag var nog
lite onykter och sliten så jag somnade därför utan att
vänta på att Jens kom hem, och ja resten vet ni ju.
Stefan som knappt hört innebörden i Grys upplys-
ningar från kvällen, utan satt återigen och klämde sitt

lem fast mellan låren efter att ytligare en gång hört någon beskriva en häftig sexuell aktivitet. Linn däremot kopplade direkt till det som stått i rapporten och antecknade att det troligt vis då var tyskens sperma Jens haft på sig. Vet du var det Tyska paret bor någonstans här på campingen fortsatte hon. Jag tror de tältade, men att de packat och åkt härifrån svarade Gry. Jättebra, då är vi nöjda för stunden, vi måste bara som en sista grej få ta ett salivprov från dig innan vi går. Kan inte du gå förbi receptionen och kolla om tyskarna åkt, så åker jag in till staden och postar proven sa Linn. Är det något du vill ha från bolaget? Stefan gjorde sin beställning och gick sedan mot receptionen och Linn gick mot tältet för att klä sig och åka. Han hejade på några par som var mitt uppe i en boul match innan han gick in. Enligt tjejen i receptionen var det inga Tyskar som checkat ut varken under gårdagen eller i dag, men att ett par som också tältat, med adress i Dalarna, hade åkt på förmiddagen. Han trodde inte det kunde vara dem, men tog ändå deras adress i fall att och tackade för hjälpen. Han tyckte det fick vara bra för i dag och gick för att leta reda på Hanna vid badet och för att ta ett dopp nu i värmen. Han hittade henne nästan helt nere vid badbryggan, och hon hade lockad till sig en 4-5 singla dagbesökare som låg på lagom avstånd för att kolla på henne utan att vara respektlösa. Hon tittade lite irriterad upp när han hejade, men gick över till ett stort leende när hon såg att det var han. Man blir lite lätt irriterad när killarna inte fattar att jag vill vara i fred sa hon som förklaring till sin reaktion. Är ni klara uppe hos Gry nu frågade hon nyfiket. Ja, vi kommer nog inte vidare i dag så vi tar ledigt nu svarade han utan att ge någon hint om vad de pratat om. Skal du med på en simtur, jag är hur varm som helst efter att vi gått runt hela dagen. Hanna avböjde då hon nyss varit i och inte riktigt fått upp värmen än, men jag går med ut på bryggan. Stefan dök ifrån bryggan och kände hur skönt det kyliga vattnet svalkade ner honom. Han tog några simtag under vattnet innan han sakta gled upp mot ytan och passade även på att tömma blåsan. Han tittade mot bryggan där Hanna satt sig på kanten och tänkte att det skulle vara bra att umgås lite med henne nu när båda var nyktra och simmade in mot henne. På avstånd kunde han se att hon blivit lite lätt röd, främst på de partier hon inte solat kontinuerligt, och undrade om han själv såg likadan ut. Nu känner jag mig som folk igen sa han idet han klev ur vattnet. Det vore gott med ett glas rött nu sa Hanna och tittade frågande på Stefan, skal vi knalla uppåt? Han tyckte det lät som en bra ide, men ville gå förbi tältet först och vänta in Linn för att göra ett riktigt avslut av arbetsdagen först. Gå upp du så kommer jag så fort vi är klara sa han. Linn hade inte kommit tillbaks när han kom upp så han valde att se om Anna och Johan var på plats. Tjänare, sa Johan när han kom. Hur har det gått för er i dag? Bitarna börjar falla lite mera på plats nu, men än är vi inte i mål sa han. Linn åkte till stan för att posta lite prover och göra lite inköp fortsatte han. Betyder det att ni jobbat färdigt och att jag kan bjuda dig på en pilsner då? Anna som satt och läste en bok tittade upp och ville också ha en kall öl. När de satt sig vid borde ville Anna veta lite mera om Stefans civila liv så han berättade. Att han var skild sedan några år och att det varit hans fel då han de senaste åren mer eller mindre bara jobbat, och att han prioriterat bort alla hennes försök till romantik. De få gånger han var ledig brukade han åka ut med båt tillsammans med några kompisar, vilket han även denna helg skulle ha gjort. Att han inte tidigare campat eller varit på något naturistställe men efter detta besök absolut kom att fortsätta besöka naturistcampingar. Han trodde själv hans prioriteringar berodde på osäkerhet och att han behövde bekräftelsen, men att han redan nu efter ett par dagar som naturist kände att blivit mycket mera bekväm med sig själv och att det var tack vara Anna och Johan samt alla övriga han träffat sin förtjänst. Alla är så naturliga och trevliga här så det smittar fort av sig på sådana som mig sa han. Anna höll med om att det i regel var trevligare folk på naturistcampingar mot textilcampingar och att det berodde nog på att alla delade samma intresse. Man tänker inte på titlar och status på samma sätt här sa hon. Precis så jag också känner, så det är dags att börja jobba "normalt" och sedan njuta av livets alla goda stunder. Men nu är det dags att göra ett sista ryck för dagen sa han när han fick syn på Linn som kom gående med en plastkasse i handen. Vi gör nog klart jobbet på en 10-15 minuter så jag låter ölen stå kvar så länge sa han och reste sig för att möte upp Linn. De packade ur drickat och maten innan Stefan drog en kort uppsummering av sitt samtal med receptionen. Linn lyssnade och drog slutsatsen att det måste vara det Tyska paret som då troligtvis var bosatta i Dalarna. Vi kommer nog inte längre i fallet förens vi fått provsvaren samt åkt till dalarna för en prat med paret. De bestämde sig för att vänta med resan till dalarna till efter de fått svaret, vilket troligtvis skulle dröja ca en väcka så Linn ville åka hem en sväng till familjen. Jag stannar nog här några dagar sa Stefan och undrade var de skulle träffas någonstans sen. Om det går, så kommer jag ta med gubben och campa några dagar här sa hon. Jag hör av mig om hur det blir. Linn började packa ihop sina grejor och Stefan återvände till Anna och Johan för att dricka ur ölen innan han skulle gå upp till Gry och Hanna. Linn var klar innan Stefan hunnit gå och kom för att säga hejdå innan hon åkte. Anna tyckte det var tråkigt att hon skulle åka hem, men blev både förvånad och glad när Linn sa att hon troligtvis skulle komma tillbaka redan dagen efter om det ordnade sig med barnvakt. Ungarna vill vara på landet, men jag tänkte att jag och gubben kunde behöva några dagar för oss själva på semestern sa hon. Jag har redan pratat med Mats om den här campingen och han ville jättegärna campa några dagar här. Hon gav alla tre en kram och sa hejdå. De återupptog samtalet om Stefans nyfunna intresse för naturiststilen. Hoppas du inte tror att det bara handlar om att ha sex och att alla knullar alla sa Anna. Det är troligen så att folk ligger runt mera på en textilcamping mot vad folk gör här sa hon. Det råkar bara vara att ni nu utreder en händelse som har kopplingar till att folk haft lite skoj. Att vi och många andra inte hymlar med att vi tycker om att ha skönt och att vi ibland tar ut svängarna har nog med att vi är trygga i våra relationer och skiljer på sex och kärlek snarare än att vi är på en naturistcamping. Vi är inte speciellt intresserade av den typen kontakter här utan väljer i stället att besöka en och annan klubb under vinterhalvåret för att få lite extra krydda. På sommaren är det bra fart på oss båda ändå. Stefan erkände att han faktiskt tänkt på att det var mycket sex aktiviteter och han fått uppfattningen av att många ägnade sig åt att ha sex med flera. Men ju mera jag är här ser jag att det inte är något man ser under dagtid utan att det är de

84

vanliga aktiviteterna som bad, sol, fiske o.s.v som folk ägnar sig åt. När Johan gick för att hämta en varsin jäger kom Göran gående. Tjänare, vilken härlig dag sa han och slog ut med handen för att tydligöra att han menade solen. Jag tänkte gå en sväng upp till tjejerna och se vad de gör sa han. Jag skal också dit om en stund sa Stefan. Anna föreslog att även Göran kunde slå sig ner och ta ett glas så kunde de ta sällskap upp sen. Göran tackade ja, la ut sin handduk på en stol och satte sig. Vad händer i dag då? Frågade Göran och syftade till Stefans utredning. Vi kommer inte längre i dagsläget, utan väntar på alla provsvar innan vi kan fortsätta. Linn har åkt hem en sväng och jag bestämde mig för att ta några lediga dagar här på campingen sa han och höjde ölen för en skål. Vi sa just att det är bra jag får se hur lugnt och skönt det egentligen är här och att det inte bara handlar om sex. Jag blev ju fundersam då alla dem jag pratade med första dagen som var i bastun den kvällen ver- kade ägna sig åt fri sex. Vist är det så sa Göran och höll med. Att man som singelkille här på campingen ibland känner det pirra till beror ju på att man har något fint att vila ögonen på hela dagarna sa han och tittade hastigt på Anna, men man måste vara diskret och respektera att inte alla gillar uppmärksamheten. Göran såg en öppning för att kolla om det var dem han träffat i Oslo för något år sedan. För att inte värka respektlös mot dem sa ha: personligen tycker jag det är bättre att ägna sig åt sådana lekar på stäl- len som är till för sådant. Till exempel på olika klub- bar i Stockholm och Oslo. Anna som då kom på vad Stefan tidigare berättat nappade på hans vinkling, och såg samtidigt framför sig hur Göran så öppet visat intresse för henne vid bastun för någon kväll sedan. Hon bekräftade att både hon och Johan föredrog att ta ut svängarna sexuellt på någon klubb framför att ta in flera in sina lekar på en camping. Undrar om jag inte har träffat er i Oslo för några år sedan sa han. Anna mindes tillbaka till deras första besök på klubben i Oslo och insåg nu att Göran troligen var den killen med den "stora" som de tagit med i sin lek den kvällen. Johan var mera rakt på och frågade om han var killen som suttit mitt emot och tittat för att sedan bli med i leken. Göran bekräftade och sa att han känt igen dom nästan direkt han sett dem på campingen, men viste inte helt säkert om det varit dom. Anna som inte ville ge honom några förhoppningar om upprepning här på campingen sa att det varit mysigt, men att de valt att enbart leva ut sina fantasier på klubbar. Hon kände dock utan att säga det, hur det kittlade till i magen av minnet av hans grova kuk som knullat henne och såg samtidigt framför sig hur Göran så öppet visat intresse för henne vid bastun för någon kväll sedan. Hon insåg nu att han vetat vem dom var och troligtvis hoppats på att bli medbjuden den kvällen. Hon sneglade mot Johan som himlade lite med ögonbrynen till svar och förstod att han tänkte ungefär likadant. Johan kände också upphetsningen komma smygande och bytte snabbt samtalsämne för att inte bli sittandes med ett präktigt stånd, och frågade Stefan om de skulle grilla senare på kvällen. Stefan som suttit tyst men samtidigt fått bilder i huvudet av det de andra tre pratat om satt åter med benen i kors och klämde fast sin alt mer styva kuk hakade fort på och tyckte det var en bra ide. Vi kan kanske gå ner till den gemensamma grillen i kväll, jag hör med tjejerna när vi går dit och tittade mot Göran för att kolla om de skulle röra sig uppåt. De drack ur det sista i glasen och sa att de kunde höras sen och gick i väg. När de försvann runt hörnet tittade Johan och Anna på varandra och skrattade. Johan sa att han tyckte det var något bekant med Göran, och att det varit bra nära att Anna fått möjligheten att åter prova på hans grova kuk efter bastun den kvällen. Jag blev faktiskt lite pilsk när jag tänkte likadant erkände hon och Johan undrade om det var dags för en "tömning" då han själv satt med halvstånd. De tömde också sina glas och gick in i vagnen för att ge varandra en varsin orgasm.

10

Linn hade nu kommit till landet där Mats och barnen varit över midsommar och efter alla kramar från barnen satte de sig för att ta en fika och berätta för varandra vad de gjort under helgen. När barnen fått berättat sina historier sprang de i väg för att leka och Linn passade på att göra "reklam" för campingen hon varit på. Det var faktiskt inte så farligt att jobba över midsommar sa hon. Vi kunde ta mycket ledigt och njuta av det fina vädret och lite av firandet med trevliga personer vi träffat. Hon berättade snabbt om de hon umgåtts med på sin lediga tid och Mats tyckte det lät som både Johan och Anna samt de övriga verkade vara lättsamma och trevliga och att det skulle bli trevligt att tillbringa några dagar där bara de två. Men det ni jobbat med då? Frågade Mats. Vad var det som hänt egentligen? Det var ju en kille som hittades dö i bastun kvällen innan midsommaraftonen som vi misstänkte kunde vara utsatt för något brott. Jag personligen tycker det lutar mer och mer åt ett olycksfall faktiskt. Sedan att det har kopplingar till den delen av naturisterna som ägnar sig åt swingersaktiviteter gör att man kan misstänka svartsjuka. Mats höll med om att det kunde låta som ett svartsjukedrama då han sett otaliga par som bråkat i samband med att de själva varit swingers under många år och viste hur viktigt det var att komma överens om sina gränser innan man gav sig in i sådana lekar. Då de besökt klubbar både i Sverige och utomlands var han nyfiken på om Linn känt igen några, vilket hon bekräftade att hon gjorde. Det är ett par, Johan och Anna, som vi umgåtts lite mera med under de dagarna vi varit där som varit på samma klubb som oss i Oslo för några år sedan. Även en av killarna som är där har varit i Oslo och han värkar känna igen Anna och Johan, men ingen av dem värkar komma ihåg mig som tur är. Det hade inte varit så bekvämt när du inte var med och med tanke på varför jag var där om de känt igen mig sa hon. Men jag har hört många spännande historier som fick fart på fantasin och gjorde att jag saknade dig extra mycket sa hon. Nu behöver jag faktiskt ett riktigt knull. Tror du vi hinner en snabbis före ungarna är tillbaks? Mats som också blivit sugen sa inget, utan reste sig bara och tog Linns hand och ledde henne in i stugan samtidigt som han öppnade gylfen och daskade den redan styva lemmen mot hennes höft. I köket i stugan lutade hon sig mot bänken så Mats kunde tränga in i henne bakifrån medan de båda kunde ha koll om ungarna skulle komma och han knullade henne med hårda stötar så båda kom i en gemensam orgasm redan efter någon minut. Hon vände sig om och tittade Mats i ögonen. Vad jag är glad att vi har det så bra tillsammans och att vi även kan nyttja det vi är med om för att få det ännu bättre utan svartsjuka sa hon och tänkte på bl.a hur Gry beskrivit sin relation med Stefan. Mats, som i alla år tyckt att deras äventyr lyft deras sexliv höll med, gav henne en kram, och tyckte det var dags att börja packa så de kunde komma iväg när det fortfarande var fint väder och varmt. De packade och satte ungarna i bilen, som skulle lämnas hos farmor, och åkte för att kroka på husvagnen för att sedan sätta kursen mot campingen.

På campingen knackade Göran och Stefan på hos Gry, men det var Gunn som öppnade och sa att de andra två var uppe och tog en dusch. Killarna som fortfarande var lite påverkad av all prat hos Anna och Johan väckte tydligen intresse hos Gunn som ville bjuda på något att dricka, och utan omsvep kommentera deras halvstyva lemmar. Göran tackade ja till dryck samtidigt som Stefans telefon pep till om att han fick ett sms. Det var Linn som informerade han om att hon och Mats var på ingående och svängde just nu in mot campingen. Stefan tackade därför nej till förfriskningar och gick i väg mot receptionen för att möta upp Linn och Mats.

Gunn gick in i husbilen och kom strax därefter ut med en flaska vin och två glas. När de satt sig passade Gunn på att fråga Göran vad han tyckte om kvällen i bastun och dom aktiviteter som varit under kvällen, och var särskild intresserad av hur han såg på Lenas uppträdande den kvällen. Göran tänkte på hur nära det var att han följt med och hjälpt henne hem och när Norrmannen sedan berättat vad som hänt när de kom till vagnen blivit lite avundsjuk på honom. Han hade inte haft något emot lite lek med Lena då han tyckte hon såg rätt bra ut. Gunn ifrågasatte Görans tyckande och menade att det borde vara avtändande när hon inte brydde sig om vilka hon låg med. Det måste vara mera upphetsande när någon är intresserad av en som person och inte bara vara en kuk i mängden Hon tänkte självklart på sin egen man som vistades nästan mera hos dom än hemma. Under samtalet märkte Göran hur hennes blick sökte sig mot hans nedre regioner vilket gjorde att han kände sig lite obekväm. Det var något med hennes sätt att prata och vara på som han inte kunde sätta fingeret på, men väckte bara en obehaglig känsla och för en gång skull blev han inte ett dugg upphetsad trots samtalsämnet. Gunn reste sig, gick runt borde och la handen på Görans axel och sa: Jag blev faktiskt lite betuttad i dig redan när vi träffades vid badet den dagen sa hon samtidigt som Göran kände tyngden från hennes ena bröst mot armen. Han tömde sitt glas, reste sig för att gå med ursäkten att han lovat hjälpa till med att få vagnen till Linn och hennes man på plats. De är nog på ingående nu så jag får gå och kolla sa han. Gunn reagerade med att vicka i kull stolen han suttit på, sa att han inte ville få någon mer invit från henne samtidigt som hon knipsade hårt till hans kuk. Han tittade snopet efter henne när hon utan att plocka undan eller stänga dörren till Grys husbil, med snabba steg drog i väg mot sin egen vagn. Göran reste stolen, drog lite lätt i kuken som krymt i hop av smärtan som Gunn tillfogat den med sitt knipsande och sade högt för sig själv: va fan var det där om? Han kunde bara konstatera att hon måste vara knäpp och att han inte hade ens en tillstymmelse av att vara attraherad av henne. Han tittade upp mot receptionen och såg att Stefan tog emot en bil med Husvagn. Det måste vara Linn och gubben som har anlänt. Han tänkte att de behövde lite tid att installera sig, men kände samtidigt att han behövde prata med någon om det som nyss inträffat så han valde att gå tillbaka till Johan och Anna en stund.

Linn hoppade ur bilen och gav Stefan en kram, Mats som han hälsat på någon enstaka gång tidigare hälsade han mera formellt på med att ta i hand och önskade honom välkommen. Linn checkade in och fick ok av värden att stå på samma tomt som tältet som nu Stefan kunde disponera själv stod på. Mats hoppade in i bilen och rullade sakta bakom Linn och Stefan som gick för att visa honom platsen. På väg ner gick de och småpratade, Linn frågade om han „jobbat" något under tiden hon varit borta, men han fick erkänna att det blivit väldigt lite av den varan. Bara vi får vagnen på plats kan Mats hålla på och pyssla med att få ordning på allt medan vi stämmer av var vi är i utredningen. Om han blir klar innan oss får han bekanta sig lite med de övriga här innan kvällen sa hon. När vagnen var på plats gick Linn och Stefan i väg till restauranten och satte sig vid ett bord i ena hörnet. Linn plockade fram alla dokument och vittne mål från sin väska och dom satte i gång med å få en helhetsbild över all information de hade så här långt. När båda läst igenom mattrialet var båda överens o matt det var ett par lösa trådar som de skulle behöva kolla närmare på. I första hand skulle de vara tvungna att få kontakt med paret Gry bastat med samt ta en ytligare prat med ett par stycken på campingen. När man ser det samlade mattrialet blir det allt tydligare att det händer saker i de olika vagnarna, och att det inte bara handlar om sol och bad flinade Stefan. Linn var även hon lite förvånad faktiskt att det var så vanligt förekommande som det verkade att camparna bjöd in fler i sina lekar. Men det sker säkert på vanliga textilcampingar ochså menade hon och lade till att då handlade nog mera om fyllegrejer och otrohet. Vi börjar med att försöka få kontakt med paret på telefon, så ser vi hur vi går vidare efter det sa Linn och Stefan höll med.

Johan som satt ute och följde Mats pyssel med vagnen efter att ha hälsat och erbjudit honom hjälp blev lite snopen att Göran kom gående tillbaks så snart samt ensam. Jaså, ingen hemma? Nja, Gry och väninnan var och duschade så det var bara Gunn där sa han, och hon värkar inte vara riktigt klok. Hon värkar vara lite mysko ibland erkände Johan, va var det nu då? Göran, som hoppats få berätta satte sig direkt ner och började berätta vad som hänt. När han var klar tittade Anna ut från vagnen med kommentaren: Låter som någon behöver ett glas för att kyla ner sig lite. Vad kan jag bjuda herrarna på? Tja, svarade Johan du har mycket du skulle kunna bjuda på, men det skulle vara gott med en kall öl, eller hur Göran? Även han tyckte det skulle vara gott så Anna hämtade 3 öl och satte sig i knäet på Johan. Hon har det nog inte så lätt Gunn med tanke på att hennes gubbe inte bryr sig ett dugg om henne. Han är ju aldrig tillsammans med henne utan väljer att umgås med Lena och gubben hela tiden. Vi har ju reagerat på hur hon smyger runt och söker kontakt med folk hela tiden. Att hon visar intresse för dig är ju inte så konstigt, du har ju faktiskt något som drar blickar till sig sa Anna och nickade när mot hans Görans midja. Johan kände trots att de nyss varit i vagnen att han reagerade på Anna så öppna åsikt om Görans storlek. Han tänkte att eftersom det nu stod klart att det var Göran de haft med i leken på klubben i Oslo kunde vara spännande att se om de väckte samma intresse hos honom nu eller om det blev lika som för Gunn. Han började leka lite lätt med Annas ena bröstvårta samtidigt som han med sina ben drog isär hennes lår en liten bit. Han märkte direkt att hon var med på noterna när hon lutade sig lite bakåt och la sin arm bakom han nacke. Göran såg lite besvärad ut när han med ena handen dolde sin växande kuk och inte riktigt viste var han skulle titta någonstans. Johan kunde se att han hade svårt att låta bli att titta mellan Annas halvöppna lår och hennes nyrakade fitta. Annas bröstvårta, som styvnat under hans behandling, var alltid ett säkert kort för att få henne på humör för lite lek. Han lät sin andra hand glida över hennes mage och smekte sakta hennes släta venusberg, ner mellan de yttre läpparna och kände hur blöt hon var. Han tittade snabbt i kring sig och kunde konstatera att ingen var i närheten, att de satt rätt så skyddat bakom vindväggen. Skal vi fortsätta och låta han vara med om han är intresserad? Viskade han i Annas öra. Ja, nu vill jag ha full service viskade hon tillbaks och särade samtidigt ännu lite till på låren. Va säger du Göran. Är du frestad att köra en repris på Oslo besöket? Göran som varit sugen på dem i stort sätt sedan dag ett när han tyckte sig känna igen dom från klubben i Oslo ,blev om möjligt ännu hårdare, reste sig och satte sig på knä framför Anna med händerna på hennes lår som svar på Johans invitation. Han lutade sig fram och sög in den lediga bröstvårtan med munnen. Anna suckade till, ville så mycket mera, men tyckte att de skulle bryta för att istället fortsätta inne i vagnen. Hon tittade på killarna när de nu stod sida vid sida med präktiga stånd att Görans kuk var både bra mycket längre och grövre än Johans som hon ändå tyckte räckte till i massor. Äntligen skulle hon åter få känna 4 händer, två munnar samt två härliga riktigt hårda kukar ta han om sig. Hon hade faktiskt längtat efter att få känna en sådan total kåthet som vid senaste besöket på klubben. När de kom in i vagnen bad hon killarna sätta sig på sängen, själv satte hon sig på knä framför dem, greppade båda kukarna i vardera hand, runkade dem sakta och bara njöt av synen och känslan det var att ha två så härliga kukar till sitt förfogande. Hon böjde sig framåt och tog Görans "snabel" i munnen, lät tungan svepa kring det blottade ollonet innan hon gapade stort och tog så mycket hon klarade av hans längd för att sedan växla över till Johans kuk. Var det något som tände henne max var det att suga en skön kuk, och nu med två riktigt hårda kände hon hur det sipprade mellan benen. Hon reste sig och la sig på rygg i sängen och killarna började genast smeka hennes kropp. Tog var sin bröstvårta i munnen och en av dem lät två fingrar glida in i hennes fitta som nu var både öppen och våt. Snart kände hon även ett finger på klitoris och lyfte bäckenet mot deras händer så fingrarna i henne gled ännu djupare in. Hon var på väg mot en första orgasm , kramade fingrarna hårt med slidmusklerna och kom i kraftiga ryckningar. Killarna fortsatte smeka henne, fast lite lungnare, och jobbade på ny fram hennes kåthet. Nu ville hon känna Görans grova i sig och bad Johan plocka fram en kondom åt honom. Hon drog upp benen mot sitt bröst, öppen och redo att ta emot honom. När han cm för cm gled in i hennes inre kände hon hur han bottnade långt innan han fått in hela och var tvungen att hejda honom lite för att låta slidan vänja sig vid storleken. När hon väl kunde ta emot och han började knulla henne i lång djupa stötar greppade hon även Johans kuk och tog han i munnen. Ollonet var spänt, glansigt och med en stor blank droppa av hans försats som hon girigt slickade bort. Johan flyttade ner handen så han med fingrarna kunde massera hennes klitoris och kunde samtidigt tydligt se hur hennes inre fittläppar drogs med in av den stora kuken i vid varje stöt. När hon märkte att killarna började närma sig sprut, bad hon dem lugna sig lite och dra sig ur, hon ville passa på att prova ta emot båda kukarna innan dom kom. Göran la sig på rygg och Anna gränslade honom och med säker hand styrde hon honom på plats för att sedan luta sig framåt så även Johan skulle komma åt. Hon blundade, väntade på hans kuk mot sitt andra hål och blev riktigt snopen när hon kände att även han trängde in i fittan och båda började knulla henne. Att vara så fullständigt fylld gjorda att hennes klitoris gneds skönt mot Görans skaft och nästa orgasm var på väg. Hela hennes fokus låg på den kraftiga sköna orgasmen som aldrig verkade ta slut utan snarare sakta ebba ut med många små miniorgasmer i följd. Ingen av killarna hade kunnat hålla sig när de känt hur hela hennes underliv pulserat i orgasmkramper och båda hade sprutat samtidigt. Anna låg nöjd och utmattat mot Görans bröst ända tills killarna mjuknade och gled ur henne innan hon med en nöjd min tackade killarna för servicen och gick in på toan för att släppa ur sig Johans sats. Göran rullade av sig sin spermafyllda kondom och knöt ihop den samtidigt som han tackade Johan för hans invitation till att än en gång få vara med och knulla hans härliga fru. Utan att vara för "på" passade han på att få fram att han var tillgänglig för dem när helst det skulle passa dem. Han sade hej då till både och gick sedan mot servicehuset för att skölja av sig lite svett. Johan och Anna gav varandra en lång kyss innan de gick ut från vagnen för att ta en cigarett och prata innan det var dags för en dusch.

11

Vid receptionen hade Linn och Stefan lyckats få
fram både adress och telefonnummer till det tyska
paret som de så gärna ville prata närmare med. De
gick lite åt sidan då det var mycket folk som köade för
att checka in och Linn slog nummeret. Hon blev osä-
ker om det var rätt nummer då mannen som svarade
verkade vara Svensk. Efter en kort presentation, be-
skrev hon kortfattad var hon var, vad som hänt och
att han och frun bedömdes som viktiga i utredning.
Då kan vi ju ses om en stund, vi är precis på väg att
checka in på campingen i detta nu sa han. Linn tittade
upp från antäckningsblocket och såg en lång, smal
kille i keps som stod och pratade i telefon. Hon pe-
tade till Stefan och nickade mot mannen vid disken
och sa: jag tror vi har turen på vår sida i dag. Det är
han vi letar efter. Stefan fattade inte direkt koppling-
en, men fann sig fort med kommentaren: Ja, det gör
ju vår dag bra mycket enklare. De lät han checka in
färdigt innan de gick fram och hälsade. Nu när ni är
här skal vi låta er komma på plats först, sedan skulle
det vara bra om ni hade någon timme åt oss. Vilken
plats fick ni? Mannen tyckte det var helt ok och sa
att de skulle stå på plats 119. Va bra, sa Linn; då går vi
och tar lite mat så ses vi om en stund. När de kom ner
till husvagnen satt Mats, som nu var klar, och njöt av
stödbensölen som han också erbjöd dem. Vi tar bara
lite käk nu då vi måste jobba en stund till sa Linn, och
berättade för honom att de troligt vis skulle vara
klara om ett par timmar och att de inte behövde åka i
väg. Ok, då tänder jag grillen så kan ni passa på att få
lite färg på kroppen så länge sa han. Stefan gick till
sitt tält och tog av sig, men när han kom tillbaka

kände han åter hur blygheten och osäkerheten komma krypande nu när han var naken inför sin kollegas man. Linn som såg hur obekväm var snabb med att förklara för Mats att han inte tidigare varit på naturiststället, och att han haft det lite "jobbigt" nu i början som alla har innan man blir van. Mats skrattade med kommentaren att nu när de sätt allt av varandra kommer ni troligtvis till att jobba bättre tillsammans. När man inte måste skilja så mycket på mitt "privata" jag och mitt "jobb" jag, kommer tilliten till varandra att öka. Stefan nickade instämande och höll med om att det redan kändes så och att det var Linns förtjänst som varit så naturlig från första början. Grillen var nu klar så Mats slängde på några korvar och frågade samtidigt om kvällens planer. De kör quizz i restauranten vid 19.00 så om vi blir klara i tid kan vi ju lyssna med våra grannar och kanske tjejerna i husbilen om vi skal ställa upp med ett lag. Killarna tyckte det var en god ide och Stefan tog på sig att gå till Anna och Johan för att fråga. Båda satt ute och rökte när han kom, och han tyckte Anna såg lite rödmosig ut, och tänkte att han nog kom och avbröt något, men släppte det när Johan nyfiket frågade: Hur går det för er då? Det ser bra ut svarade han. Som det ser ut slipper vi åka i väg, och kan nog göra färdigt det vi skal jobbmässigt under eftermiddagen. Han luftade Linns förslag om kvällen och de var båda på och tyckte det var ett trevligt förslag och undrade vila flera det blev. Vi tänkte fråga Gry och dom också samt Göran, sedan bestämmer vid vilken tid vi träffas sa han. Johan lyfte lite på ögonbrynet och undrade om det var så god ide efter "incidenten" mellan Göran och Gunn. Va? Jag var ju med dit upp tidigare när hon vak kvar själv vid bilen. Var det något efter att jag gått då? Resonerade han. Johan drog då lite snabbt Görans story om hur Gunn reagerat på att bli nobbad och hur Göran uppfattat hennes sätt att agera. Det var fan, sa han och fick en fundersam min. Ja, då är ju inte det någon vits att fråga henne då rundade han av samtalet med. Vi ses senare då sa han och återvände till Mats och Linn för att käka. Under tiden de åt passade Mats på att bekanta sig lite mera med sin frus nya partner. Han frågade om allt ifrån intressen, familj, umgänge till livsfilosofi. Allt eftersom Stefan svarade på frågorna fick Mats mer och mer bilden av en kille som hittat sitt kall i sitt yrke och var duktig på det, men i övrig en rätt osäker och lite social person. Mats som var en rätt rak person frågad rakt ut om den bilden kunde stämma, vilket Stefan bekräftade. Så öppen och social jag varit de dagarna vi varit här har jag nog aldrig varit. Det är något med nakenheten och allas syn på livet i stort som påverkat mig positivt. Även fast vi varit här för att jobba med en lite tråkig sak har jag haft trevligare än vad jag haft på länge. När vi är klara med jobbet kommer jag nog att investera i en egen vagn att åka hit med på helger och ledig tid sa han. Kul, sa Mats. Då kommer vi nog att få anledning att lära känna varandra ännu bättre framöver dåsa han och Linn kunde bara hålla med om att hans sätt ändrats på kort tid och att den här typen av umgänge gjorde honom gott. Det var nu dags att göra ett sista ryck för dagen så Linn och Stefan drog på sig lite lätta kläder för att som avtalat, förhöra paret på plats 119. De letade ett bra tag utan att hitta platsen de fått innan det slog Stefan att den nog låg i hörnet på campingen som var reserverat enbart för tältande. När de väl hittade var paret klara med sitt kupoltält och satt i varsin brassestol med en kopp kaffe. Då de var väntade fanns det även två stolar åt dem, samt koppar framme. Efter att de kom till campingen och pratat lite med sina tältande grannar, även hunnit med att få lite information kring vad som hänt på campingen, och att det var skälet till att poliserna ville prata med dem. Linn bekräftade att deras besök berodde på dödsfallet natten mot midsommaraftonen och att de fått information om att de varit och bastat den kvällen. Att de dessutom, enligt uppgifter till polisen, skulle vara bland dom sista som träffat den avlidna och hans fru gjorde att det var av största vikt att de kunde redovisa för den kvällen. Stefan som redan plockat fram antäckningsblocket, började med formalia och skrev upp deras namn, person nr. och adress innan han bad paret att så detaljerat som möjligt berätta vad de sett, hört och gjort den kvällen från ca kl. 18.00 och tills det att de gick och la sig. De började med sitt besök på dansen, hjälptes åt att fylla i för varandra, och var mycket detaljerade och beskrivande av både personer och händelser under kvällen utom vad som exakt pågått mellan dem och Gry. De valde att utelämna detaljerna kring sexet, fast det var inte det Stefan reagerade på utan att det dök upp ytligare ett namn som ingen annan nämnt tidigare som varit vid bastun på sluttampen den kvällen. GUNN. Varför var det ingen som nämnt henne? Och framförallt, hur kom det sig att hon själv inte sagt något? Vad gjorde hon där så sent, och när gick hon hem ville han veta. Nja, vi vet inte riktigt då vi valde gå strax efter Gry när hon började tjafsa med Jens om något i stil med att "det duger minsann med alla andra" och var allmänt störig och otrevlig. Vi tackade artigt för oss innan vi pep i väg till vårt tält. På morgonen fick vi telefon från våra grannar att det varit ett jäkla liv hos oss, att våran dotter haft fest som spårat ur under natten. Tanken var att vi skulle firat midsommar här, men p.g.a det valde vi att direkt packa och dra. Vi såg när vi åkte att det var något som pågick nere vid badplatsen, men det kopplade inte att det kunde ha med något sådant här att göra. Då skulle vi naturligtvis inte bara dragit om vi vetat det sa de. Linn fyllde i med några ytligare frågor som Stefan knappt hörde svaren då han i tankarna försökte reda i Gunns beteende och förhavande både den kvällen och efter att han själv kom till camping. Linn avlutade förhöret med paret med den vanliga frasen att om det skulle behövas ville de återkomma med ytligare frågor, vilket paret förstod. Utan att vara medvetna om det hade paret gett Stefan en helt ny riktning i saken som han ivrade efter att lufta med Linn. Jag har en teori som jag tycker vi skal titta närmre på, skal vi sätta oss vi bordet där sa han och pekade mot en sittgrupp strax ovanför badplatsen. Väl där började Stefan bläddra i sina antäckningar och Linn såg hur han lite här och var markerade vissa delar från de olika vittnesmålen. Hon satt tyst och tålmodig och väntade på att han skulle bli klar och delge henne denna "nya" vinklingen hon själv inte sätt. Okey, lyssna på det här och se om du ser samma röda tråd som jag gör sa han. I rapporten från de poliser som var först på plats beskrivs en äldre kvinna som var mycket nyfiken och på. Jag tror det var Gunn. Sedan har jag i vittnesmålet från Anna och Johan uppgifter om att hon kom förbi dem och spekulerade i kvällen. Sedan berättade Gry att Gunn direkt erbjöd henne stöd och att de pratat mycket om händelsen och att hon efter det mer eller mindre varit bofast där. Hon visade dessutom tydligt sin syn på Lena och det faktum att hennes egen gubbe jämt hängde där och att hon inte kunde förstå varför Jens också varit där den kvällen. När jag i tillägg fick höra tidigare i dag hennes reaktion när Göran avvisat hennes invit samt nu, parets information om att hon varit vid bastun på slutet den kvällen tycker jag att det är så många oberoende uppgifter som gör att vi bör titta närmre på hennes eventuella roll i det hela. Även Linn såg tråden Stefan pratat om och tyckte att de absolut borde ta ett ytligare förhör med henne för att höra hennes förklaring till det hela. Men vi hör med Göran vad som hände i dag först sa hon. De gick till stugan Göran hyrde och knackade på. En yrvaken Göran öppnade och undrade om han missat något de avtalat när han såg vilka som kommit. Stefan skrattade, och sa att han kunde vara lugn, du har inte missat något, vi fick höra vad som hänt mellan dig och Gunn efter jag gick i dag och vill bara höra din historia kring det. Ja den kärringen värkar ju inte ha alla hästar hemma sa han. När du gick började hon stöta på mig och la händerna på mina axlar och i stort sätt bjuda ut sig. Även fast jag är rätt så "openminded" vad gäller sex är hon ingen jag skulle kunna tänka mig att vara med. Jag tycker inte hon är det minsta attraktiv och dessutom har hon ett intensivt och märkligt beteende. När jag talade om att jag inte var intresserad blev hon som förvandlad, från att vara trevlig och nästan smörig till att få något mörkt i blicken och ilsken. Så när hon plötsligt snärtade till mig mellan benen tänkte jag det var lika bra att gå. Då bara skrek hon typ att vi var likadana allihop och gick in i bilen. Jag gick då tillbaka till Johan och Anna en stund innan jag gick hit och vilade lite sa han. De tackade för informationen, vi ses senare sa Stefan innan de lämnade honom för att gå till Gunn. Hon satt och läste i förtältet när de kom, och sken upp när hon nu fick besök. Får det lov att vara ett glas vin? Utan att vänta på svar gick hon in i vagnen efter glas åt dem. Linn tackade nej till vinet och förklarade att det var i tjänsten de var där så det fick vänta. Gunn som nyss varit så glad för att få lite sällskap blev genast lite trumpen, jaga, vad är det om nu då? Undrar ni var gubben är så hittar ni honom hos Lena som vanligt. Nej, sa Stefan. När vi sammanställde vittnesmålen har det dykt upp lite frågetäcken kring dina uppgifter från kvällen då Jens dog som vi behöver reda ut. Han drog en kort resume av vad hon sagt i förhöret och bad henne förklara hur det kom sig att hon inte nämnt att hon varit vid bastun när Jens kom tillbaka efter att ha följt Lena hem och därmed var en utav dom sista som sett han i livet. Gunn satt tyst under hela Stefans resume och satt nu och tittade tomt rakt ut i luften, fortfarande utan att säga något nu när hon förstod att alt var på väg att spricka. Vi skulle vilja veta om våra uppgifter stämmer och om det är något som du vill ändra i ditt vittnesmål från den kvällen fyllde Linn in. Gunn insåg nu att det troligtvis var någon som sett henne där och att det var lika bra att berätta. Ja svarade hon på Linns fråga. Det stämmer att jag var ner igen, men jag ville inte bli inblandad när jag på morgonen efter såg vad som hänt. Stefan ville höra den rätta versonen så han bad henne åter berätta hela historien från det hon var på dansen tills hon lagt sig den kvällen.

Som jag sagt tidigare, började Lena tidigt att öppet flörta med min gubbe uppe på dansen. När jag försökte vara lite trevlig och smidig blev han bara spydig mot mig så jag valde att gå till vagnen när alla skulle ner och basta. Lite senare när jag såg att Lena och Roger kom hem och att de inte var ensamma var jag säker på att min gubbe var med. Jag bestämde mig för att tala om för honom vad jag tyckte om att han jämt är med dem och gick dit. Jag blev lite snopen när han inte var där, men när jag såg vilka aktiviter de ägnade sig åt hänge jag kvar utanför och smygtittade då den ena av dem var Jens. Han har varit förbi min vagn några gånger tidigare och visat sitt intresse för mig. När de var klara och Jens gick ner mot bastun följde jag efter. Han blev stående utanför ett bra tag innan han gick in. Jag skulle precis till att gå in jag med när Gry plötslig slår upp dörren och piper i väg hemåt. Jag tittar in genom fönstret och ser Jens tjafsa med ett par där inne innan även de drar. Jag går då in för att höra hur han mår, men han ber mig dra därifrån. Han som tidigare hälsat på och som jag enbart varit trevlig emot kunde inte ens bemöda sig med att vara trevlig. Jag tänkte att han bör få sig en läropeng och sätter därför upp stören för dörren för att skrämma honom lite innan jag gick hem. Jag tänkte vänta någon halvtimme innan jag skulle gå dit och öppna, men råkade somna här i stolen. När jag på morgonen såg vad som hänt fick jag lite panik och valde att inte berätta att jag varit där. När jag senare fick hörde Gry prata om en naturlig död blev jag lite lättad och tänkte jag att det inte hade med det jag gjort att göra. Tyvärr är det en direkt koppling mellan den låste dörren och Jens död så vi kommer därför att bli tvungna att anhålla dig. Åklagare får utreda vidare om det bedöms som något brott som leder till åtal sa hon. Linn ringde in och bad om assistans, och i väntan på dem ville hon veta lite mera om varför hon reagerat som hon gjort. När Gunn förklarade att när hon under en längre tid blivit ignorerad av sin gubbe bestämde sig för att även hon skulle ha lite kul, och att det blev förnedrande när hon blev avvisad på det sättet. I ena stunden duger jag, men så fort det dyker upp någon annan skiter de i mig sa hon och blev åter så där mörk i blicken vilket fick Linn att misstänka att det troligtvis fanns någon diagnos av något slag i grunden. När poliserna dök upp gick gripande helt lugnt till så de valde att låta Gunn packa med sig lite kläder innan de ledde henne till bilen. Flera runt i kring såg när Gunn satte sig i polisbilen innan den for i väg, och det spred sig fort på campingen att Gunn haft med Jens död att göra och att det var därför hon blev hämtad. Många var chokade att hon var inblandad, allra helst med tanke på hur mycket hon umgåtts med Gry efter att Jens dött. Stefan och Linn hade att göra ett tag med att skriva färdigt sin rapport där de skrev med att ett troligt motiv var att hon blivit avvisad och att teknikerna skulle kolla efter hennes fingeravtryck på stören för att även få teknisk bevisning även fast hon nu erkänt. Innan de mailade in den till sin chef kollade de med honom om det räckt med rapporten, vilket det gjorde och kunde därmed börja sin ledighet på riktigt.

12

När de senare på eftermiddagen samlats hos Johan och Anna för lite dricka innan kvällen, uttryckte Gry hur tacksam hon var för att ha fått svar samt hur Stefan och Linn skött hela saken. Stefan fick lite extra beröm och de andra tittade lite på varandra och alla förstod varför när de såg hur Gry strök Stefan över armen. Det var tydligt att det var något mellan dem och Linn hoppades det ville utveckla sig med tiden. Alla var lite runda under fötterna när de gick mot restauranten för den inplanerade quizzen och resultatet speglades av deras alkoholintag under dagen. Deras lag kom näst sist, men ingen brydde sig nämnvärt om resultatet då de hade mycket trevlig i varandras sällskap. När Göran sen frågade om det var för magstärkt att bada lite tunna var alla överens om att det kändes helt ok nu när saken med Jens var avklarat. När alla varit förbi sina respektive boenden och klätt av sig och hämtat handukar träffades de vid tunnan. Det var några par där redan, men när hela gänget klev ner i badtunnan valde de att gå in i bastun i stället. Göran hamnade bredvid Anna i tunna och hon passade på att greppa "snablen" lite och tacka för god service tidigare på dagen. Johan och jag pratade lite efter du gått och vi var överens om att det varit minst lika bra som gången i Oslo. Om du skulle vara intresserad är vi lite sugna på att ha med dig någon mera gång när tillfället ges och vi är sugna på det. Han svarade att absolut ville han det, och jag har inga som helst problem att ställa upp helt på era villkor. Det var precis det hon ville höra, hon vände sig mot Johan och viskade att "snabeln" är tillgänglig som våran leksak när vi måtte skulle känna för det.

Johan som också uppskattade lekar med en extra pussade Anna i pannan som en uppskattande gest. Resten av kvällen fortlöpte som det skal i goda vänners sällskap, och innan kvällen var slut var det bestämt att hela gänget med Göran, Anna, Johan, Linn, Mats, Stefan, Gry samt Grys väninna skulle dagen efter beställa en gemensam resa till en ut av Spaniens naturiscenter till våren.

Dagen efter var det dags för Johan och Anna att packa ihop och åka, men först skulle den stundande resan bokas. Valet föll på en liten naturistanläggning vid Malagas kust som hade det mesta som behövdes, bar, butik och restaurant och hyrde även ut mobilhomes. Res datumet spikades till 1 oktober och var och en skulle göra sin beställning av flygbiljetter och boende. De tog farväl av varandra för denna gången, men Linn och Anna hade redan avtalat att ses någon helg innan resan.

Hur Spanienresan blev får ni ha tålamod att vänta på till del två i en "naken Spanienresa"

Som en pirrig avslutning kan ni läsa om Anna och Johans andra besök på swingersklubben i Oslo.

Ett stort tack till alla er härliga naturist och swingersvenner som inspirerat med era historier.

Klubb besök 2

Johan och Anna hade under en tid efter sitt besök på swingersklubben i Oslo pratat om att göra ett nytt besök på klubben. De hade haft mycket glädje av minnena från första besöket i sitt "vardagssex" och det var ytterligare fantasier som de kunde tänka sig att testa i verkligheten. Hotellet var bokat, flygbiljett beställd, och de denna novemberhelg satt på flygplatsen och tog en öl i väntan på avgång från Aralanda och pratade igenom vilka förhållningsregler de skulle ha under sitt besök. De enades om att även fast hela klubben osade av sex skulle de inte delta om någon av dem inte kände för det ordentligt och att ingen av dem skulle göra något på egenhand utan se till att de var tillsammans under hela besöket där. Om det inte kändes rätt eller om kemin med andra besökare inte stämde skulle de gå till någon "vanlig" nattklubb istället. När de senare på kvällen kommit fram till hotellet i Oslo och Johan kollade upp vad klubben hade för adress, visade sig att den flyttat till lokaler mera centralt i centrum. Den låg bara ett par gater bort från deras hotell. Anna ville ta en dusch efter resan och även ha hjälp med att raka sig, hon ville vara nyrakad och fräsch inför besöket i fall det blir något sa hon. Båda var liksom första gången lite spända och nervösa så de delade på en flaska vin innan

de gick ut i höstmörkret med klubben som mål.
De kom fram till adressen Johan letat fram och
en diskret dörr med bara gatenummeret som
märkning. När dörren öppnades och de klev in
höll Anna på att få haksläpp, vad lyxigt det såg ut
att vara där De kom direkt in till den stora baren
som var i mörk ek och en massa speglar på väg-
garna vilket gjorde att det verkade vara dubbelt
så stort. Det var flera små soffgrupper i skinn
med stora fina kuddar i, härlig belysning från
stora prismalampor och golvet såg ut att vara av
riktig marmor. Barstolarna var inte dom vanliga
pallarna, utan maffiga stolar med ryggstöd och
sköna sitsar. Alla möbler gick i ljusa färger vilket
framhävde kontrasten mot den mörka bardisken.
När kvällens värd sedan visade dem runt visade
sig att resten av lokalerna var inrett precis lika
lyxigt. I omklädningsrummet var det helkaklat, en
stor yacuzzi och en stor bastu med fönster. I det
första stora rummet var det flera stora skinnsof-
for med stora kuddar i, det andra var inrett med
lite smågrupper och i de 4 lekrummen var det
inrett i olika teman, allt mycket rent och fräscht.
De valde att starta med varsin GT i baren innan
de gick för att byta om och sedan gå till det stora
gemensamma rummet. När de kom in satt det
redan rätt många där och flera av paren höll re-
dan på med varandra medan singelkillarna höll
sig rätt så passiva. Anna blev rätt så blyg och
besvärad i början, men starkt av ytterligare nå-
gon drink så lossnade det, och när Johan försik-
tigt började smeka henne på insidan av låren,
bresade hon på benen så alla som satt mitt emot

kunde se hennes rakade fitta. Hon blev jätte tänd och kåt av att flera av killarna och några av paren verkade tända på det de såg och kände hur blöt hon blev, riktigt plaskvåt blev hon. När Johan sedan körde in ett par fingrar i fittan och fingerpulla gav den ifrån sig et högt smaskande ljud. Johan som också han var riktigt tänd öppnade sin badrock och lät Anna runka den nu stenhårda kuken helt öppet inför alla i rummet. Det var flera av paren som satt på samma sätt som de, pulla och runka varandra samt att flera av killarna tagit fram sina kukar som de satt och runkade medans de kollade på dem. Efter ett tag hade Anna kollat in några killar som verkade väldigt tända på det de gjorde och frågade Johan om de skulle bjuda med sig dem till ett avskilt rum. Johan som blev som kåtast när Anna var kåt och öppen för saker sa genast ja och nickade frågande till några att följa med. När de reste sig och gick mot det närmsta lediga rummet följde fyra killar med, alla fyra med rätt så stora kukar som svajade i fullt stånd när de gick. WOW!!! Tänkte Anna, jag skal få mitt första "gang bang" och det med fyra extra killar. Detta var sedan länge en av hennes fantasier, att bli knullad av flera killar samtidigt, och att de dessutom var mycket välutrustade var en extra bonus. När alla kommit in i rummet satte sig Anna i soffan och Johan låste dörren bakom sig och drog snabbt riktlinjerna för killarna, att det var Annas njutning som skulle stå i centrum och att det var kondom på vid samlag som gällde. Rummet hade i tillägg till soffan en jättestor rund säng, sammets-

tapeter på väggarna och mysbelysning som bara
den inbjöd till sängaktiviteter. Han passade även
på att flika in att hon tyckte mycket om när någon
höll på med hennes bröstvårtor samtidigt som
hon knullade. Killarna lade ner henne på den
stora sängen och två av dem började suga på
varsin bröstvårta. Anna kände direkt hur det bör-
jade pirra ända nerifrån tårna upp mellan sina
ben och blev om möjligt ännu mera tänd när kil-
len med den största kuken satte sig på knä mellan
hennes ben och började sakta låta tungan glida
upp och ner mellan hennes fittläppar för att se-
dan med små cirkelrörelser retas med klitoris.
Hon tittade på Johan som nu satt tydligt kåt av
det han såg med en kuk som stod som ett ham-
marskaft. När killen även stoppade in ett par
fingrar såg Johan hur killens fingrar glänste av
hennes safter och frågade om hon ville bli knul-
lad av honom. Mmm, jag är så kåt nu så ni får
göra vad ni vill med mig bara jag får något snart
sa hon. Killen tittade mot Johan som nickade ok,
han rullade på en kondom och lade sig på rygg
på sängen så Anna skulle rida honom. Hon grep
tag i den grova kuken och funderade på hur hon
skulle kunna få in hela, men styrde den stora kuk
mot sin öppna, blöta fitta och gled sakta längre
och längre ner för att till slut få in hela hans
längd i sig. Åh herregud, när den var inne kändes
det nästan som hon skulle sprick, men blev snabbt
skönt och hon rös i hela kroppen. Hon rörde sig
sakta upp och ner för att få hela kuken ordentligt
in smörjd med sina safter och fick lite hjälp av att
kondomen hade glidmedel. Anna som inte blivit

knullad med kondom på flera år tyckte ändå att det var en helt ok känsla. Johan som blev otroligt kåt av att se hur Anna blev knullad av den stora kuken ställde sig vid Annas huvud och hon tog honom i munnen, samtidigt som hon tog kukarna till de två som nu sög på hennes bröst i vardera hand. Å gud vad skönt, tänkte Anna och skämdes nästan över hur kåt och våt hon kunde bli. En Kuk som knullade henne, Johans kuk i munnen, och två hårda kukar som hon nu runkade i takt medan de lekte med brösten samt en kille som satt bre vid i soffan och runkade sig själv. Hon var nästan på väg att komma när Johan frågade om hon ville prova med två samtidigt, Anna som även haft det som fantasi sa ja, men tänkte att det aldrig skulle gå att bli rövknullad också när hon nu red den största av killarna. De verkade inte se hennes oroliga min, utan lutade henne framåt och hon kände hur nästa kuk sakta började tränga in i röven. Hon var nu så rusad av kåthet att hon inte viste eller ens brydde sig om vems kuk hon nu fick i sig, men bad killarna om att bara vara stilla medan hon vande sig vid att vara fylld i båda hålen. Det var bra mycket skönare än hon trott så hon lät killarna börja knulla i takt med varandra vilket gjorde att hon kände varje centimeter av kukarna som nu fyllde henne helt. Vilken känsla, och när det sedan dök upp ytligare en kuk framför henne, gapade hon direkt över den och började suga och kände på storleken att inte heller det var Johans och trodde i stunden att han inte var kvar. Hon blev nästen lite sur att han lämnat henne ensam med dessa fyra killar, men glömde fort bort det när hon nu var helt fullproppad med kuk och kände att hon var på väg att komma. Hon kände hur fittan började dra ihop sig och pirrningen som startade ända nere i fötterna spred sig i hela kroppen när hon exploderade i en mycket kraftig och lång orgasm som aldrig ville ta slut. Hon tryckte sig mot båda kukarna för att få de så djupt i sig som möjligt och kramade båda kukarna i kraftiga kramper När killen som hon red kände hur hennes fitta drog ihop sig i orgasmkramper kunde han inte hålla tillbaka och fyllde kondomen med sperma. Killen som knullat henne i röven drog sig ur, rullade av kondomen och sprutade över hennes skinkor. Anna reste sig från killen hon ridit för att torka bort sperman och fick samtidigt se att Johan satt med en nöjd min i soffan och runkade lätt sin kuk. Hon blev lättad över att han var kvar och sa att hon behövde något att dricka och en cigarett innan hon kunde fortsätta. En av killarna som fortfarande inte fått komma till lämnade direkt rummet för att hämta in en varsin öl åt alla och var snabbt tillbaka. Killarna som redan kommit kände sig nöjda och gav Anna en var sin puss på kinden och försvann ut från rummet. Medan hon satt och rökte började Johan och de två killarna som var kvar att smeka henne. Anna kände direkt hur hon återigen blev kåt och särade på benen så killarna även kom åt att fingerpulla hennes nyknullade fitta. Vilken härlig sits hon var i, med 6 händer som smekte bröstvårtor, klitoris, masserade g-punkten och som satt med hårda härliga kukar som bara väntade på hennes öppningar. När hon *rökt färdigt kände hon att hon ville ha mera kuk i sig, ställde sig på alla fyra med putande rumpa och bad om att bli tagen bakifrån av någon. Killen som hämtat ölen trädde genast på en kondom och tog plats bakom henne och gled, till trots för sin storlek, lätt in i den blöta, nyknullade fittan. Han tog tag i hennes höfter och började knulla henne med kraftiga stötar som fick hennes skinkor att skaka till vid varje stöt. Johan och den andra killen ställde sig på knä på madrassen och Anna greppade kukarna med sina händer och lät tungan rulla över ollonen på båda kukarna samtidigt. Både Johan och den andra killens pung var nu helt hopdragna och kukarna jätte spända så det var tydligt att detta var mycket upphetsande situation även för dem. Anna bad killen som knullade henne bakifrån om å lägga sig på rygg så hon åter kunde rida Då kom killen hon nyss sugit och tryckt även sin kuk in i fittan och Johans kuk tog hon i munnen. Nu var hon värkligen fullproppad med kuk, två stycken samtidigt i sin plaskvåta fitta och en i munnen. Hur får dom plats egentligen hann hon tänka innan den andra orgasmen för kvällen kom, och den var lika skön och intensiv som den första. Johan drog sig ur hennes mun, och kom i kraftiga stötar över hennes bröst samtidigt som hon kramade båda kukarna med sina fitt muskler så även de fyllde sina kondomer med sperma. Aldrig förut hade hon fått två så sköna orgasmer direkt efter varandra, men hade aldrig haft så många killar som knullat henne samtidigt förut hellre, Johan och Anna tackade killarna för sällskapet och gick till den lyxiga duschen och yacuzzin för att sedan gå till baren för en drink insvepta i de bekväma, vita badrockarna de fått när de kom. De satte sig vid ett bord för sig själva så de kunde prata om kvällens upplevelser i lugn och ro, Anna tyckte det varit hur häftigt som helst att bli lekt med av så många killar och kände sig öm och nästan lite sönderknullad mellan benen då alla 4 killarna haft rätt stora kukar. Även fast vi knullat i nästan 2 timmar känner jag mig fortfarande lite småkåt sa hon och frågade om inte Johan var sugen att testa med någon annan, men han var så nöjd med det de gjort och tyckte det varit häftigt att se henne så kåt och lade till att det kanske blir flera tillfällen att besöka någon mer klubb. Klockan var nu 01.30 när de två killarna som varit med längst kom och frågade om de fick hänga på, men Anna tyckte det fick räcka för i kväll. Det här skulle säker förgylla deras sexliv framöver när de satt och pratade minnen från den här kvällen och de skulle förmodligen någon gång i framtiden testa med extra killar i sängen. När de kom till hotellet var båda helt utpumpade och somnade direkt de lagt sig.*